한 문장으로 말하라

20字に削ぎ落とせ ― ワンビッグメッセージで相手を動かす
リップシャッツ信元夏代 著
朝日新聞出版 刊
2019

NIJUJINI SOGIOTOSE: ONE BIG MESSAGEDE AITEWO UGOKASU
by Natsuyo Nobumoto Lipschutz
Original Japanese edition published in Japan by Asahi Shimbun Publications Inc.,
Tokyo.

핵심만 전달하고
단숨에 사로잡는
선택과 집중의 기술

한 문장으로 말하라

나쓰요 립슈츠 지음 ┃ 황미숙 옮김

비즈니스북스

한 문장으로 말하라

1판 1쇄 발행 2020년 7월 22일
1판 6쇄 발행 2023년 11월 3일

지은이 | 나쓰요 립슈츠
옮긴이 | 황미숙
발행인 | 홍영태
편집인 | 김미란
발행처 | (주)비즈니스북스
등　록 | 제2000−000225호(2000년 2월 28일)
주　소 | 03991 서울시 마포구 월드컵북로6길 3 이노베이스빌딩 7층
전　화 | (02)338−9449
팩　스 | (02)338−6543
대표메일 | bb@businessbooks.co.kr
홈페이지 | http://www.businessbooks.co.kr
블로그 | http://blog.naver.com/biz_books
페이스북 | thebizbooks
ISBN 979−11−6254−155−5   03190

비즈니스북스는 독자 여러분의 소중한 아이디어와 원고 투고를 기다리고 있습니다.
원고가 있으신 분은 ms1@businessbooks.co.kr로 간단한 개요와 취지, 연락처 등을 보내 주세요.

단순한 것이 늘 최고는 아니지만
최고는 늘 단순하다.

마가레테 쉬테-리호츠키Margarete Schütte-Lihotzky

당신에겐 '덜어 낼' 용기가 있는가?

우리 회사의 신상품들과 함께 여러분도 전문점에서 만든 것 같은 따끈따끈한 두부를 집에서 만들 수 있습니다! 조리시간 은 10분 정도입니다. 식당이나 숙박업소를 운영하는 분이라 면 손님들의 눈앞에서 조리과정을 보여 줄 수 있으니 흥미를 유발하는 효과도 탁월합니다.

두부는 국산 대두를 사용해 부드럽습니다. 향과 맛이 뛰어난 소금도 판매하고 있으니 두부를 소금과 함께 즐기는 새로운 재미를 느껴 보시기 바랍니다.

또 냄비는 특허를 취득한 이중구조로 돼 있어 열효율이 좋은 데다 지역에서 생산한 자기를 원료로 사용해 지역의 경제 발전에도 기여하고 있습니다!

이것은 식품기기 회사인 M사가 전시회에서 진행한 프레젠테이션의 문구다. 이러한 사례는 주변에서 흔하게 접할 수 있다. 자사 제품의 장점을 모두 알리고자 하는 마음은 충분히 이해가 된다. 지금도 아이디어가 머릿속에서 넘쳐나는 사장들은 의욕에 불타 이것저것 모두 홍보하고 있다.

하지만 해당 제품은 부스에서 많은 사람이 관심을 보인 데 비해 실제 판매로 이어지지는 않았다. M사의 컨설팅 의뢰를 받은 나는 프레젠테이션에 '메시지가 너무 많다'고 판단하고서 개선작업에 들어갔다.

그 결과 소비자에게 신상품을 매력적으로 알리고 그 자리에서 판매로 이어지게 하는 데 효과적인 프레젠테이션의 핵심 메시지가 완성됐다.

가게나 집에서도 10분이면 만드는 노포 두부의 맛.

이 메시지에 부합하는 프레젠테이션과 판매 활동을 진행해 꾸준히 매출을 늘린 M사는 현재 세계 28개국에 진출하기에 이르렀다.

메시지를 한 문장에 담는 것

이것이 바로 '전달'을 성공시키는 열쇠다.

당신에게는 덜어 낼 용기가 있는가?

프롤로그

끄덕이고 빠져들게 만드는 말은
언제나 심플하다

2013년, 처음 스피치 대회에 출전했을 때의 기억이 아직도 생생하다. 뉴욕 주의 예선을 순조롭게 통과하고 준결승에 참가하려던 당시, 관객 중에서 베테랑의 느낌이 물씬 묻어나는 한 중년의 흑인여성이 내게 다가왔다.

"하~이. 나는 재니스라고 해요. 당신의 스피치에서 가능성을 느꼈어요. 파이널리스트가 되고 싶다면 내가 도와줄게요."

그는 내게 아무런 대가 없이 코칭을 해 주겠다고 했다. 원어민 강자들 사이에서 비원어민은 나 혼자였지만 예선에서 승승장구해 온 덕분에 나는 어느 정도 자신이 있었다. 청중들 앞에서 하고 싶은 말이라면 얼마든지 있었고 메시지는 이미 충분하다고 할 만큼 원고에 담은 상태였다. 내게 남은 것은 연습뿐이었다.

문득 재니스가 스피치 연습 상대가 돼 주면 좋겠다고 생각했다. 스피치 지도를 받으려면 보통 시간당 40만 원 내외의 비용을 지불해야 하는데 게다가 무료라니 얼마나 운이 좋은가! 나는 기쁜 마음으로 그의 제안을 받아들였다. 그 선택이 훗날 내 스피치 인생에 얼마나 큰 영향을 주게 될지 당시로서는 상상도 하지 못했다.

"그렇게 말하면 아무도 이해할 수 없습니다"

코칭 첫날, 입을 열자마자 재니스가 말했다.

"나쓰요, 당신은 아직 스피치에 대해 아무것도 모르는군요. 무엇을 말하고 싶은 거죠? 이것저것 너무 많이 담으려고 해요. 모든 사람이 당신의 스피치를 들은 후에 '메시지는 ○○였어'라고 똑같이 대답할 수 있을까요? 그렇지 않다면 아무것도 전달하지 못한 거예요. 덜어 낼 용기를 가져요."

덜어 낼 용기…!? 눈이 새롭게 뜨이는 순간이었다.

여러 가지 방식의 말로 잘 설명한다고 해서 내 의사가 상대방에게 잘 전달되는 것은 아니다. 그보다는 메시지를 제대로 담아내는 것이 중요하다. 이것을 깨달은 후부터 나는 단 하나의 메시지를 위해 덜어 내는 훈련을 시작했다.

현재 나는 미국에서 프로페셔널 스피커로 일하고 있다. 테드 토크TED Talks에 출연한 적도 있지만 무상으로 강연을 하는 발표자와는 다르다. 프로페셔널 스피커란 비즈니스를 하기 위해 마련된 공적인 자리에서 특정한 주제의 전문가로서 유상으로 강연을 하거나 연수를 진행하는 사람을 말한다.

나는 이문화異文化 커뮤니케이션과 글로벌 리더십, 전략적 사고 등에 대한 내용을 전문으로 다룬다. 프로페셔널 스피커의 스피치는 기조 강연의 경우 평균 1시간 내외, 연수 등은 하루나 이틀에 걸쳐 이루어지는 것이 보통이다.

나는 일본에서 나고 자라서 일본의 교육을 받았다. 국제학교에 다닌 것도 아니니 영어 원어민이 아니라 '토종' 일본인인 셈이다. 그런데도 뉴욕에 거점을 두고 프로페셔널 스피커로서 영어로 강연 활동을 하고 있다. 게다가 미국에서 거의 5만 명에 육박하는 연설자들 중에서 3,500명만이 소속되는 선두 집단인 국제 스피커 협회National Speaker Association의 프로페셔널 멤버로도 인정받았다.

단지 영어 실력이 좋아서가 아니다. 영어 원어민의 어휘력은

2만~3만 5,000단어 정도라고 한다. 내 어휘력을 테스트해 본 바에 따르면 부끄럽게도 1만 단어 정도 수준이었다. 1만 단어 정도면 여덟 살짜리 아이의 어휘력과 비슷하다고 한다. 즉 여덟 살짜리 아이의 어휘력으로도 원어민 성인을 말로 이길 수 있다는 이야기다.

메시지 전달력이 결코 어휘력으로 판가름 나지 않는다는 것을 이해했으리라 믿는다. 그러니 영어가 아닌 다른 언어를 사용하든, 또 낯을 가리고 말수가 적은 사람이든 관계없이 여덟 살짜리 아이의 어휘력 정도면 충분히 말로 사람들의 마음을 움직일 수 있다.

'한 문장' 말하기로 상황이 완전히 바뀌었다

나 역시 처음부터 사람들 앞에서 능숙하게 말을 했던 것은 아니다. 한때는 남들 앞에서 자기소개만 하려고 해도 긴장돼 겨드랑이가 땀으로 젖곤 했다. MBA 공부를 위해 뉴욕대학교로 유학을 갔을 때, 사람들 앞에 서서 자기소개를 했던 기억은 지금도 생생하다.

내 차례를 기다리는 동안 손과 겨드랑이가 축축해질 만큼 긴장했다. 그러다 정작 내 순서가 되자 지금껏 생각한 것과는 다른 말들이 입에서 쏟아져 나오기 시작했다. 이래선 안 되겠다는 생각이 들자 몸이 얼어붙어 버렸다. 머릿속은 하얘지고 내가 무슨 말을 했는지조차 기억나지 않았다.

고작 자기소개 정도에 머리가 하얘지는 수준이라니…. 나는 극심한 자기혐오를 느꼈다. 그 후로도 사람들 앞에서 말하기는 매번 어렵게 느껴질 뿐이었다. 팀을 이뤄 프레젠테이션을 할 때도 가장 짧은 부분을 맡았다. 앵무새처럼 통째로 외운 대사를 읊기만 했고 어서 빨리 발표시간이 끝나기만을 빌었다.

사회인이 되자 비즈니스 프레젠테이션이나 세미나에서 말할 기회는 더욱 많아졌다. 아무리 어려워도 제대로 된 프레젠테이션 방법을 배워야겠다는 생각 끝에 토스트마스터즈Toastmasters 클럽을 알게 됐다.

토스트마스터즈 클럽은 스피치를 잘하고 싶은 사람들이 모여서 함께 배우는 단체로 세계 143개국에 35만 7,000명 이상의 회원이 참여하고 있다. 여기에서는 국제 스피치 콘테스트라는 큰 행사를 개최하는데 앞서 소개한 재니스와는 그곳에서 처음 만났다.

2013년에 처음 출전한 이후로 나는 매년 그 행사에 참가하고 있다. 재니스 덕분에 첫 출전에 뉴욕 주의 파이널리스트가 됐고 이후로도 꾸준히 파이널리스트에 입상하게 됐다. 그리고 재니스의 코칭을 계기로 계속해서 전 세계 챔피언인 크레이그 밸런타인Craig Valentine, 마크 브라운Mark Brown, 대런 라크루아Darren LaCroix 등에게서도 사사를 받아 왔다.

코치들은 하나같이 이야기를 단 하나의 중요한 메시지로 집약시키라고 강조했다. 불필요한 말을 철저히 덜어 내고, 얼마나 잘 전달되도록 하는지 그리고 단 5분 만에 얼마나 극적으로 상대방을 움직일 것인지가 관건이었다. 그들에게 배운 것은 모든 전달 기술에 꼭 필요한 사고법이었다.

실제로 결승전에서 300명가량의 사람들을 앞에 두고 스피치를 선보였을 때, 고개를 끄덕이고 웃어 주는 사람들을 보며 내가 그 자리의 분위기를 움직이고 있음을 실감했다. 그야말로 사람들 앞에서 이야기를 하는 진정한 묘미를 깨달은 순간이었다.

그 이후로 대중 연설에 매진하게 됐다. 또 프로페셔널 스피커로서 미국 전역에서 활약하는 크레이그 밸런타인이 시작한 스피치 코치 인증 프로그램인 월드 클래스 스피킹World Class Speaking을 수료했다. 도쿄에서는 테드x와세다UTEDxWasedaU에 나가기도 했다.

맥킨지에서 업무 경력을 쌓고 전략 컨설턴트로도 활동하면서 일상적으로 사용하는 논리적 사고가 비즈니스 말하기를 위한 정보 정리 기술에 상당히 도움이 된다는 사실을 깨달았다.

이와 같은 일련의 과정을 거치며 어떤 상대에게든 전달하고자 하는 바를 전하는 방법을 담은 것이 한 문장으로 말하는 '브레이크스루 메소드'Breakthrough Method이다. 그야말로 덜어 내기를 위한 궁극적 사고법이라고도 할 수 있다.

MBA 유학을 떠나 자기소개를 실패한 날로부터 프로페셔널 스피커가 되기까지 19년의 세월이 흘렀다. 그동안 내가 배우고 연마한 한 문장으로 말하는 기술을 오롯이 이 책에 담았다.

한번 상상해 보라. 당신의 이야기를 듣고 사람들이 웃거나 감동하고 있다. 당신의 프레젠테이션에 상대방이 고개를 끄덕이고 있다. 당신의 아이디어가 기획회의에서 통과된다. 완고한 상사가 당신의 이야기에 귀를 기울인다. 그야말로 당신의 이야기로 상대방을 움직이는 묘미다.

브레이크스루 메소드라면 가능하다. 당신도 프레젠테이션, 미팅, 협상, 보고 등 비즈니스 상황에서 상대방을 움직이는 기쁨을 만끽할 수 있기 바란다.

차례

제1장

아무리 설명해도
당신의 메시지가 전달되지 않는 이유

제3장

STEP 2 탄탄한 구조의 원 빅 메시지 만들기

무엇을 전달할 것인가

제4장

STEP 3 마음을 움직이는 스토리텔링 짜기

어떻게 사로잡을 것인가

제5장

원 빅 메시지만큼 중요한
비언어적 기술

사람들은 다른 이의 이야기를 들을 때에 영화나 텔레비전을 볼 때처럼 많은 정보를 포착해 내지 못한다. 만약 글로 적은 문서라면 나중에 다시 읽어 보기라도 하겠지만 인간의 뇌는 청각을 통해 처음 들은 정보를 전부 기억하지 못한다. 그러므로 철저히 덜어 내어 귀를 통해 들어갈 정보를 간단·간결·간명하게 전달해야 한다.

아무리 설명해도
당신의 메시지가
전달되지 않는 이유

불필요한 메시지는 오해를 불러온다

자신이 전달하고자 하는 이야기가 제대로 전달되지 않는 데는 분명 이유가 있다. 모두 평소 알아차리지 못한 채 무의식적으로 저지를 법한 일들이다. 과연 어떻게 해야 메시지를 제대로 전달할 수 있을지, 브레이크스루 메소드의 기본적인 콘셉트를 통해 설명해 보고자 한다.

앞에서 소개한 식품기기 회사처럼 넘치는 아이디어와 의욕만을 내세워 열심히 전달하려고 할수록 제대로 전해지지 않는 경우가 있다. 이 회사는 젊은 사장의 진두지휘하에 기자재 제공부터 식재료 공급, 식품 개발, 음식점 관리까지 폭넓게 진행하는 지방의 한 중소기업이다.

길을 걸어가는 동안에도 끊임없이 새로운 아이디어를 떠올릴 만큼 의욕적인 사장은 곧장 시제품을 만들어 내는 행동력도 갖추고 있었다. 열정이 넘친 나머지 자사의 강점을 모두 강조하고 좋은 것이라면 하나도 빠짐없이 알리고 싶어 했다. 심지어 개발 중인 시제품에 대해서도 고객들의 의견을 들어 보고 싶었을 것이다. 판매를 할 때는 이것저것 다 내보이고 싶어지는 법이니까.

하지만 프레젠테이션에서 너무 많은 정보를 제공하면 정보 과잉으로 인해 중요한 정보에 대한 주목도가 떨어진다. 너무 많은 정보량 때문에 중요한 정보가 헛도는 것이다. 이것이 흔히 벌어지는 이것도 저것도 다 알리려고 하는 프레젠테이션의 맹점이다.

✔ 미스 포인트 = 전달하려는 정보가 너무 많아 분산된다

내가 대중 연설을 배울 때 코칭을 해 준 재니스로부터 가장 먼저 집중적으로 지도받은 것도 바로 이야기를 하나의 메시지로 집약시키는 일이었다.

"나쓰요, 그래서 하고 싶은 말이 뭐예요? 스피치 안에 메시지가 두 개네요. 무슨 말을 하려는 거지요?"

내 나름대로 하고 싶은 말을 잘 다듬었다고 생각했지만 재니

스에게 꾸준히 지도받은 것은 불필요한 내용을 덜어 내는 작업이었다.

프레젠테이션이든 상사에게 하는 보고든 영업 미팅이든 모든 비즈니스 말하기에는 상대방에게 꼭 전달하고 싶은 하나의 메시지가 있기 마련이다. 그 단 하나의 중요한 메시지를 브레이크스루 메소드에서는 '원 빅 메시지'One Big Message라고 한다. 자신이 하고 싶은 이야기를 원 빅 메시지에 담아야만 상대방에게 훨씬 잘 전달된다. 그리고 원 빅 메시지를 한 문장 내로 정리해 더 명확하게 의도한 대로 전달하는 일이 무엇보다 중요하다.

어쩌면 한 문장에 메시지를 담아내기란 절대 불가능하다고 생각할지도 모르겠다. 물론 모든 말하기를 한 문장 내로 끝내라는 것은 아니다. 듣는 사람의 마음에 가장 남기고 싶은 원 빅 메시지를 한 문장 이내로 응축시키라는 말이다.

그럼 왜 한 문장일까? 메시지가 해석의 여지를 준다면 오해의 원인을 제공하는 꼴이 된다. 말이 장황해진다면 해석의 여지는 더욱 확대된다. 이러한 오해를 피하고 명확한 메시지를 상대의 기억에 각인시키려면 다른 해석을 할 수 없을 만큼 짧은 문장으로 전달해야 한다.

인간은 대개 15자에서 20자 정도의 한 문장을 가장 기억하기 쉽다고 알려져 있다. 스피치 콘테스트의 세계 챔피언인 크레이그 밸런타인도 영어 스피치에서 10단어 정도로 정리하라고 강조한다. 영어도 10단어로 요약하는 것이 최적의 길이인 셈이다.

단 영어와 우리말은 어순이 다르고 영어를 우리말로 옮기면 글자 수도 달라진다.˚ 대표적인 예를 살펴보자.

I am Korean.(3단어)˚

→ 나는 한국인입니다.(8자)

I like these shoes.(4단어)

→ 나는 이 신발을 좋아해요.(10자)

Have you ever been to this country?(7단어)

→ 이 나라에 가본 적이 있어요?(11자)

영어의 단어가 10단어 내외면 우리말로는 한 문장이 적당하다는 것을 알 수 있다. 광고의 헤드 카피가 좋은 예다. 익숙한 문구를 떠올려 보자.

˚ 이해를 돕기 위해 일본어를 기준으로 한 원서 내용을 우리말 기준으로 수정하였다 (옮긴이).

손이 가요, 손이 가. 새우깡에 손이 가요.(15자 / 농심)[1]

열심히 일한 당신, 떠나라.(10자 / 현대카드)[2]

불가능, 그것은 아무것도 아니다.(13자 / 아디다스)[3]

여자라서 행복해요.(8자 / LG전자)[4]

여러분~ 부자되세요.(8자 / 비씨카드)[5]

침대는 가구가 아닙니다. 침대는 과학입니다.(18자 / 에이스
침대)[6]

　이처럼 텔레비전 광고의 헤드 카피는 대부분 20자 이내의
한 문장으로 작성된다. 한 문장으로 메시지를 줄이면 짧아서 더
강력해지고 또 말의 리듬감도 좋아지며 기억에도 잘 남는다. 농
심의 새우깡 광고와 다음의 상품 설명을 비교해 보자.

───

아래와 같은 원서 내용을 국내 기업의 캐치프레이즈로 대체하였다(옮긴이).
1　멈출 수 없어, 끊을 수 없어 갓빠에비센.(15자 / 가루비)
2　인텔, 들어 있다.(6자 / 인텔)
3　세븐일레븐 좋은 기분.(9자 / 세븐일레븐)
4　모든 것은 고객의 "최고다!"를 위해.(13자 / 아사히맥주)
5　돈으로 살 수 없는 가치가 있다.(12자 / 마스터카드)
6　자연과 건강을 과학한다.(10자 / 쓰무라)

이 새우깡은 소맥분, 소금 등을 섞은 반죽에 천연 새우를 여러 종류 섞어서 머리부터 꼬리까지 껍질도 버리지 않고 넣어 만들었기 때문에 독특한 풍미를 즐길 수 있습니다. 또 튀기지 않고 구워서 반죽이 살아 있고 바삭거리는 식감이 매력적입니다.

식품 개발자라면 당연히 제품의 상세한 내용까지 설명하고 싶을 것이다. 하지만 그렇게 세세하고도 정확하게 설명하면 소비자들은 상상의 나래를 펼치게 된다.

'얼마나 많은 종류의 새우를 넣었을까?'

'껍질도 들었구나. 목에 걸리지는 않을까?'

'튀기지 않고 구우면 반죽이 살아나는구나. 어째서 그렇지?'

아무리 정확한 설명이라도 짧은 광고 시간 동안 너무 많이 전달하려고 할수록 집중도 되지 않고 머릿속에 기억되지도 않는다.

한마디로 말하면 이렇게 정성껏 만들었으니 자꾸만 손이 갈 정도로 맛있다는 것 아닌가. 그러한 생산자의 마음이 바로 '손이 가요, 손이 가. 새우깡에 손이 가요'라는 짧은 문장에 담겨 있는 것이다.

특히 동아시아 언어권에서는 한 문장으로 줄이는 것이 더욱 중요하다. 유교 문화가 많이 남아 있는 환경에서는 예의를 중시하다 보니 완곡한 표현을 선호한다. 경어를 사용하기 때문에 실제로 전달하려는 메시지 이외의 불필요한 묘사 등이 많아지기 쉽다.

상대방이 스스로 알아차려야 하는 완곡한 표현은 상대방에게 해석의 여지를 주어 오해를 불러일으키기도 하고 의미를 제대로 전달하지 못하게 된다.

말하는 이와 듣는 이가 서로 잘 아는 사이라면 '개떡같이 말해도 찰떡같이 알아듣는 호흡'으로 전달되겠지만, 처음 만난 사람이나 서로의 가치관이 다를 경우에는 해석의 폭이 확대될 수밖에 없다.

"알잖아, 그 느낌으로. 잘 부탁해!" 같은 팀 동료 사이라면 이런 주문이 통할지 몰라도 팀 이외의 사람에게는 전혀 전달되지 않는다. 따라서 잘 알지 못하는 사람에게 메시지를 전하려면 해석의 여지 없이 곧장 의미가 전달돼야 한다. 과감하게 원 빅 메시지만 남기고 덜어 내야 하는 이유가 바로 그것이다. 그리고 원 빅 메시지를 한 문장으로 줄이려면 정말로 필요한 말만 남기고 주변정보는 덜어 내야 하는 수밖에 없다. 한 문장으로 줄이면 오해의 여지도 줄어들어 직접적으로 전달되는 셈이다.

만약 한 문장이 쓸데없이 늘어져 버리면 너무 산만해지기 때문에 정보를 덜어 내야 한다. 한 문장을 기준으로 불필요한 것을 덜어 내다 보면 정말로 전달해야 하는 중요한 부분만이 남을 것이다.

앞서 소개한 M사의 영업용 프레젠테이션도 이것저것 모두 알리려고 한 탓에 상품에 대한 주요 메시지가 흐려진 대표적인 사례였다. 하지만 한 문장으로 메시지를 깎고 다듬은 결과, 거래처와 도매점 담당자들에게 전달할 수 있는 아주 간단하고 강력한 원 빅 메시지를 만들어 낼 수 있었다.

기기부터 식품까지 대두 전문 만물상입니다.

또 일반 소비자들에게 제품을 알리기 위한 광고나 프레젠테이션을 할 때 쓸 수 있는 또 다른 원 빅 메시지도 만들어 냈다.

가게나 집에서도 10분이면 만드는 노포 두부의 맛.

메시지를 듣는 사람에게 맞춘 원 빅 메시지와 그에 걸맞은 일관된 홍보 활동, 자료 작성, 상품 디스플레이 등을 진행한 결과, M사는 매출을 꾸준히 늘려 갔고 해외 진출에도 성공했다.

이처럼 원 빅 메시지를 한 문장으로 줄이면 듣는 이에게 명확히 전달되고 일관된 프레젠테이션과 광고 문구를 작성할 수 있다. 이를 활용해 구직활동 시에도 자기소개 문구를 효과적으로 만들 수 있다.

메시지가 애매하면 듣는 사람은 자신이 무엇을 들었는지도 모른 채 대화를 마치게 된다. 말하는 사람도 이것저것 말하려고 욕심만 내다가는 뒤죽박죽된 메시지를 전달해 상대방의 혼란만 가중시킨다.

가장 전달하고 싶은 말이 무엇인지 생각한 후, 단 하나의 메시지를 상대방에게 전하기 위해 필요한 정보만을 찾으면 된다. 불필요한 정보는 모두 버려라. 비즈니스 말하기에서는 그야말로 정보를 정리하는 기술이 필요하며 가장 중요한 정보만을 얼마나 잘 정리하느냐에 성패가 갈린다. 즉 상대방을 움직이는 말하기의 열쇠는 사고법에 있다.

이야기의 주인공은 당신이 아니다

비즈니스 세계에서는 내용을 전달하는 방법만 바꾸어도 큰 차이를 이끌어 낼 수 있다. 실제로 메시지만 바꾸었는데 약 3억 엔에 가까운 투자금을 얻어 낸 사례가 있다.

"자사의 강점을 모두 어필했는데도 투자자들의 마음을 움직이지 못한 것 같습니다. 무엇이 부족했는지 컨설팅해 주시겠어요?"

오카다 씨는 다양한 제품을 일본으로 수입하는 비즈니스를 하는 실업가다. 특히 러시아의 중고 자동차, 식품, 전통 상품까지 폭넓게 취급하는 상사를 경영하고 있었다. 그야말로 만물 도매상처럼 고객의 수요에 맞춰 사업을 확장해 왔다.

나를 찾아올 무렵, 그는 미국 시장으로 진출하기로 마음을 먹고 있었다. 사업 확장을 위한 재고 구입과 창고, 물류, IT시스템 등에 투자금을 대 줄 투자자도 찾고 있었다. 몇 군데 벤처캐피털에 프레젠테이션을 해 봤지만 좋은 대답을 듣지 못했고 결국 내게 컨설팅을 의뢰하게 된 것이었다. 그의 프레젠테이션 자료를 봤더니 특정한 패턴이 눈에 들어왔다.

오카다 씨의 프레젠테이션 자료

'풍부한 사업 경험'

'각 사업 분야에 정통한 넓은 전문지식'

'경영자로서의 수완'

'자사가 이끌어 갈 사업의 밝은 전망'

창업가로서의 자신을 충분히 어필해 상대방에게 신뢰감을 주려는 투자자들의 전형적인 프레젠테이션이었다.

혹시 오카다 씨의 프레젠테이션에서 어떤 패턴을 찾았는가? 내 눈에 직관적으로 들어온 패턴은 모든 메시지가 '자신의 관점'에서 작성돼 있다는 점이었다.

대개 프레젠테이션이나 말하기를 준비할 때면 발표자가 말하고 싶은 바를 주장하는 것부터 생각한다. 회의를 할 때에도 처음에는 자기 위주로 말할 생각이 없었지만 자신도 모르는 사이에 '나는 이렇게 성공했다', '나에게는 이런 강점이 있다'면서 자기 위주로 말하는 사람이 많다. 하지만 프레젠테이션이든 회의든 보고든 모두 듣는 사람의 관점이 더 중요하다.

✓ 미스 포인트 = 자신의 관점으로 말했다

브레이크스루 메소드에서는 듣는 사람이 주인공이다. 좋은 발표자란 자신이 주인공이 되지 않고 듣는 사람 관점에서 이야기할 수 있는 사람이다. 가령 학생들은 교장 선생님이 조회 시간에 하시는 말씀을 대충 흘려듣는 경우가 많다. 이때 만약 교장 선생님이 "어제 힙합 클래스에 참가해 봤는데…"라고 말하기만 해도 학생들은 갑자기 주의를 기울이게 될 것이다.

즉 듣는 사람을 주인공으로 만들어 주면 남의 일을 내 일로 받아들일 수 있다는 말이다. 그러니 프레젠테이션을 준비할 때나 회의나 보고를 할 때 내가 주인공이라는 생각을 가장 먼저 던져 버리고 모든 이야기의 주인공을 듣는 사람으로 정해 글을 쓰고 말해 보라.

듣는 사람을 주어로 사용하기만 해도 이야기의 중심이 듣는 사람의 관점으로 크게 이동한 듯한 인상을 준다. 예를 들어 "오늘은 제 영어 공부법의 비결을 알려 드릴게요."라고 하면 주인공은 말하는 사람이 된다. 이야기하는 내내 자신을 중심에 둔 일방통행의 말하기가 돼 버리고 만다. 마치 무엇이든 알고 있는 선생님이 아무것도 모르는 학생들을 상대로 가르쳐 주는 것처럼 말이다.

하지만 "오늘 여러분은 영어 공부법의 비결을 배우고 가게 될 겁니다." 하고 말하면 주어는 듣는 사람을 의미하는 '여러분'으로, 술어도 듣는 사람 관점에서 '배우고 가게 된다'는 식으로 바뀐다. 이렇게 주어와 술어만 바꾸어도 이야기가 주는 느낌은 완전히 달라진다. 듣는 사람은 자연스레 자신이 이야기에 포함된 듯한 소속감을 느끼게 된다.

늘 '상대방이 무엇을 원하는가?'를 듣는 사람의 관점에서 생각해 보자. 프레젠테이션이나 보고 같은 비즈니스 말하기의 주인공은 말하는 사람이 아니다. 듣는 사람이 주인공이고 말하는 사람은 그를 '단 하나의 중요한 메시지'로 이끄는 안내자다. 영

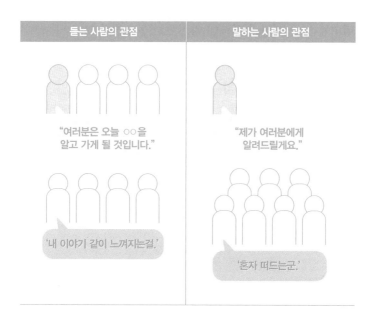

듣는 사람의 관점	말하는 사람의 관점

"여러분은 오늘 ○○을 알고 가게 될 것입니다."

"제가 여러분에게 알려드릴게요."

'내 이야기 같이 느껴지는걸.'

'혼자 떠드는군.'

말하는 자신의 관점이 아니라 듣는 사람의 관점을 의식하라

화 〈스타워즈〉에 비유한다면 말하는 사람인 당신은 주인공인 루크가 아니라 루크를 이끌어 주는 요다인 셈이다.

앞서 오카다 씨는 '자신의 경험', '자신의 지식', '자신의 수완' 등 모두 '자신의 관점'에서 만들어진 메시지를 전달했다. 즉 말하는 사람 위주의 프레젠테이션을 한 것이다. 프레젠테이션의 목적이 투자를 얻는 것인 만큼 '듣는 사람'인 투자자, 나아가 그

너머에 있는 시장과 사회에 자신이 어떤 이익을 가져다 줄 수 있는지 드러내야 한다. '듣는 사람의 관점'에서 프레젠테이션의 메시지를 아래와 같이 바꿔 봤다.

개선사례

'내 사업에 투자한 사람들을 위해 틈새 시장을 공략하는 물품 조달 전문가'

'틈새 시장을 공략할 물품 조달 전문가' 오카다 씨는 다시 수정한 프레젠테이션 메시지를 가지고 투자자들에게 투자 설명회를 열어 무려 3억 엔의 투자를 받아 낼 수 있었다고 한다. 사업이나 제안의 내용을 바꾼 것이 아니라 단지 프레젠테이션의 중심을 '듣는 사람의 관점'으로 이동시켜 투자를 이끌어 낸 것이다.

비즈니스 말하기는 어디까지나 듣는 사람이 주인공임을 잊지 말라. '청중의 관점'에 서서 이야기했을 때 비로소 상대방의 마음과 머리를 움직일 수 있다.

주절주절 화법에 집중할 사람은 없다

창업가 오타 씨는 사업 계획 공모전 출전을 앞두고 있었다. 심사위원들 앞에서 장래에 자신이 하고 싶은 사업에 대한 프레젠테이션을 해야 했다. 결국 오타 씨도 말하기가 문제였다.

"심사위원의 마음을 움직이는 발표 원고를 만들고 싶습니다."

누구나 살다 보면 구직 활동이나 승진을 위한 면접처럼 상대방에게 자신이 하고 싶은 일을 어필해야 할 상황을 종종 맞이하게 된다. 상대방의 마음을 사로잡는 말하기의 비결은 무엇일까?

유기농 건강식 분야에서 사업을 진행하고자 한 오타 씨의 사례를 계속 이어서 살펴보자.

아직 발견되지 않았거나 전조 증상 단계의 질병을 예방하기 위해 약에만 의존하지 말고 근본적으로 식생활을 변화시키자는 이야기를 하고 싶습니다.

일본에서 가장 흔한 질환은 당뇨병입니다. 그다음은 암이고요. 암 환자가 더 이상 늘어나지 않도록 전국 각지에서 건강식 요리수업을 들을 수 있는 자리를 마련하고 화학첨가물 덩어리의 식품을 더 이상 사지 않도록 신선한 채소와 과일을 이용한 식품을 판매하고자 합니다.

또한 안전하고 건강한 슈퍼 푸드인 일본의 식재료를 전 세계에 소개해 모든 사람들이 건강하고 행복해지도록 만드는 데 도움이 되고 싶습니다.

그냥 읽어 보면 딱히 문제는 없는 듯하다. 하지만 오타 씨의 프레젠테이션을 직접 귀로 듣는다면 어떤 인상이 남을지 생각해 보자. 아마 아무것도 남지 않고 흘러가 버리지 않을까. 과연 무엇 때문에 그런 것일까.

✓ 미스 포인트 = 간단·간결·간명하지 않다

내가 대중 연설 코치들로부터 귀가 아프도록 받는 지적 내용이 있다.

"정보가 너무 많아요. 정말로 필요한 정보가 뭐예요?"

"그 에피소드가 지금 이 이야기에 정말 필요한가요?"

효과적이지 않은 말을 줄이라는 이야기도 몇 번씩 들어야 했다. 그와 동시에 구체적으로 묘사하라는 지도도 끊임없이 받았다. 가령 내가 "저는 그날 밤 울었습니다."라는 문장을 말하면 재니스는 "처음부터 대성통곡하고 있었던 건가요? 아니면 뭔가 눈물샘을 자극한 순간이 있었나요? 언제였지요? 그때 주변에 누가 있었지요? 무슨 일이 있었나요? 당신은 어떤 심정으로 울었나요? 슬퍼서? 분해서? 절망스러워서? 당신 머릿속에 어떤 말이 떠올랐던 거예요?" 등의 질문으로 쏘아붙이곤 했다. 그러고는 나의 마음이 절실히 전달되도록 구체적인 묘사를 하라고 주의를 줬다.

이러한 지적을 한마디로 말하면 '단순함을 잊지 마, 멍청아'Keep It Simple, Stupid나 '단순하고 짧게'Keep It Simple and Short라 할 수 있다. 광고와 마케팅에서 고전처럼 전해지는 'KISS의 법칙'

과도 일맥상통한다. 브레이크스루 메소드에서는 기존의 의미를 조금 더 발전시켜 '단순함과 명확함을 잊지 마'Keep It Simple and Specific라고 강조한다. 구체성을 염두에 두되 간단·간결·간명하게 말하라는 의미다.

왜 그토록 모든 것을 덜어 내야만 할까? 사람들은 다른 이의 이야기를 들을 때에 영화나 텔레비전을 볼 때처럼 많은 정보를 포착해 내지 못한다. 또 말하는 사람 입장에서는 막연한 정보를 들려주는 것만으로는 상대방에게 자신의 의사를 제대로 전달하지 못한다.

만약 글로 적은 문서라면 나중에 다시 읽어 보기라도 하겠지만 인간의 뇌는 청각을 통해 처음 들은 정보를 전부 기억하지 못한다. 그러므로 철저히 덜어 내어 귀를 통해 들어갈 정보를 간단·간결·간명하게 전달해야 한다.

즉 메시지의 곁가지를 쳐내고 핵심만 남기면 듣는 사람이 이해하기가 훨씬 쉬워지며 상대방을 자신이 의도하는 목표대로 이끌 수 있다. 하지만 '간단히', '누구라도 이해할 수 있도록', '구체적인 이미지가 떠오르는 말을 골라서' 이야기하는 작업은 말처럼 쉽지 않다. 의식적으로 노력하지 않으면 간단하고 간결하며 간명한 말하기를 할 수 없다.

예를 들어 새 차를 설명하면서 '액셀러레이터를 밟았을 때 전해지는 느낌이 어떤지', 새로 나온 컵라면을 설명하면서 '뜨거운 물을 붓고 뚜껑을 열었을 때 올라오는 냄새가 어떤지' 등 자신이 전하고자 하는 내용을 구체적이고 간결하게 정리해 오감에 호소하는 표현으로 전달하면 상대방은 확연히 다른 느낌을 전해 받을 것이다.

오타 씨의 프레젠테이션 원고를 KISS의 법칙을 적용해 고쳐 보면 어떻게 달라질 수 있는지 살펴보도록 하자.

KISS의 법칙을 따라 중점적으로 개선할 점은 일단 메시지를 간명하게 만드는 것이다. 당뇨병이나 암 같은 질병, 신선한 채소와 과일을 이용한 과자, 건강한 슈퍼 푸드 등 정보를 무작정 나열하면 메시지가 간명해지지 않는다. 짧은 말이라도 구체적인 이미지가 떠오르도록 표현하는 것이 간단·간결·간명의 핵심이다.

개선사례

'저의 인생 목표는 일본의 슈퍼 푸드 전도사'로서 전 세계 사람들의 건강과 행복을 실현하는 식품을 개발하고 보급하는 일입니다.

현재 우리는 의학과 화학의 발전을 누리는 동시에 첨가물 덩어리인 식재료나 부작용이 있는 약을 일상적으로 먹으며 살고 있습니다. 그 결과 옛날에는 없던 병에 걸리는 일도 늘어나고 있지요.

하지만 우리 인간은 본래 자연치유력을 갖고 있습니다. 그리고 일본에는 자연치유력을 높이는 슈퍼 푸드가 가득합니다. 저는 전 세계 사람들을 건강하고 행복하게 만들기 위해 '일본의 슈퍼 푸드 전도사'로서 전 세계로 일본의 건강한 식품을 확산시켜 나가고 싶습니다. 그것이 바로 저의 인생 목표입니다.

프레젠테이션의 초반에 가장 중요한 메시지를 전하는 것이 중요하다. 그다음으로 '신선한 채소나 과일을 이용한 식품', '건강한 슈퍼 푸드'처럼 막연한 정보보다는 '자연치유력을 높이는 슈퍼 푸드' 같은 명확한 개념을 정의해서 말하고 있다.

이렇게 간단·간결·간명한 말하기를 하면 전달력을 훨씬 높일 수 있다. 이것이 바로 KISS의 법칙의 효과다. 비즈니스 말하기에서는 꼭 기억하기를!

당신이 파는 것이 상품인가, 가능성인가?

내가 스피치 코치 인증을 받은 월드 클래스 스피킹의 마스터 크레이그 밸런타인이 20대 중반일 무렵에 겪은 일을 얘기해 줬다. 어느 날 중고차를 사기 위해 A라는 판매원을 찾았다고 한다. 처음 방문한 곳이었는데 마음에 들 만큼 꽤 괜찮은 차를 발견했다. 판매원은 차의 우수한 점을 세세하게 설명해 줬다.

"이 차의 진면목인 2L의 VTEC 터보는 놀랄 만큼 액셀 워크에 직접적으로 응답합니다. 탑 엔진까지 그 기세가 떨어지지 않으며 힘차게 가속하는 엔진이 임팩트 만점이지요. 게다가 프런트의 그립감이 정말 좋고 조작 안정성도 갖추고 있으며 전자제어 댐퍼도 있어서 승차감이 최고입니다."

"그렇군요. 잘 알겠습니다. 감사합니다."

크레이그는 인사를 마치고 또 다른 판매원인 B를 찾았다. 그곳에도 좀 전과 같은 모델의 차가 있었다. 크레이그가 차를 물끄러미 바라보고 있으니 판매원이 다가와 말했다.

"멋지지요? 이 차를 타면 이성에게 인기가 좋을 겁니다!"

크레이그는 판매원에게 즉시 물었다.

"계약서 어디에 사인하면 됩니까?"

판매원 A와 B의 차이는 무엇일까? 판매원 A는 고급스러운 차에 초점을 맞춘 데 반해 B는 그 차를 타면 어떻게 되는지에 대한 결과, 즉 미래 예상도에 초점을 맞추었다.

영업을 하거나 프레젠테이션을 할 때 상품이나 서비스를 판매해야 한다는 생각에만 사로잡히면 무조건 제품의 특징과 기능을 나열하기 십상이다. 하지만 상대방이 자신에게 물건을 팔려고 한다는 느낌을 받으면 누구나 마음의 문을 닫는 법이니 그만큼 마음을 움직이기 어렵다. 반면 자신에게 득이 된다는 생각이 들면 저절로 관심을 갖는다. 꿈꾸던 미래 예상도가 명확히 보이면 그것을 손에 넣고 싶다고 열망하게 된다. 즉 정말로 팔아야 할 것은 상품이 아니라 미래 예상도다.

√ 미스 포인트 = 상품을 팔려고 했다

프레젠테이션을 할 때는 듣는 사람의 관점에서 생각하면 좋다. 상대방이 어떤 미래를 기대하는지를 떠올려 그곳에서부터 발상을 시작하자. 예를 들어 밸런타인이 구입한 차를 판매하기 위해 자신이 비즈니스 프레젠테이션을 한다고 가정해 보자. 이렇게 관점을 바꾸면 듣는 사람의 가슴에 강펀치를 날릴 수 있지 않을까.

개선사례

대세남에게 최고인 일석이조의 차예요.(한 문장) 스포츠카 애호가가 만족할 만한 주행의 즐거움, 함께 타는 사람이 좋아할 만한 쾌적한 승차감과 멋진 내장 시스템을 겸비한 최고의 차량입니다.

미래 예상도란 '상품, 서비스, 제안 내용, 아이디어 등을 받아들이면 당신은(당신의 생활은/당신의 회사는/당신의 세계는…) 이

렇게 된다!' 식의 미래 모습을 말한다.

들는 사람의 머리와 마음에 밝은 미래상이 명확히 그려진다면 그는 분명 그곳에 도달하는 방법을 손에 넣으려 할 것이다. 그렇게만 된다면 프레젠테이션은 이미 성공이다.

상대는 당신의 성공담에 관심이 없다

야마다 씨는 커플 매니저로 독립한 지 얼마 되지 않았다고 했다. 그가 프로모션 방법에 대해 상담을 요청하러 나를 찾아왔다. 어떻게 하면 더 많은 타깃층의 흥미를 끌 수 있을지 자신의 프로모션 문구를 점검해 달라고 했다.

야마다 씨의 프로모션 문구

열심히 일에 매진하던 어느 날 문득 결혼하고 싶다는 생각이 들었어요. 배우자 찾기 프로그램을 시작한 지 석 달 만에 마음에 드는 사람을 만나서 결혼에 골인하고 1년 후에는 아이도 낳았습니다. 일에도 육아에도 충실한 나날을 보내고 있습니다. 이런 저의 성공 기술을 여러분에게도 전해 드리기 위해 배우자 찾기 커플 매니저로 독립했습니다!

한눈에 보기에도 너무나 힘차고 자신감으로 가득한 문구였다. 하지만 과연 결혼을 원하는 독신 남성이나 여성이 프로모션 문구를 보고 나서 커플 매니저의 도움을 받으려 할지, 거액의 돈을 지불하면서까지 회원으로 가입하려고 할지 궁금했다.

석 달 만에 마음에 드는 사람을 만나서 결혼에 골인하고 일도 결혼생활도 모두 성공적으로 해내고 있는 커플 매니저라면 타인의 고민이나 아픔은 모를 것이라는 생각에 오히려 발걸음이 멀어질지도 모른다.

프레젠테이션이나 강연에서는 누구든 자신을 잘 포장해 사람들에게 보여 주고 싶은 법이다. 그래서 좋은 점만을 나열하면 설득력을 가질 거라고 오해하기 쉽다. 하지만 실제로는 자기 자랑으로 가득한 영업용 프레젠테이션만큼 사람을 질리게 하는 것도 없다. 자기 자랑은 공감을 얻지 못하고 오히려 질투와 시기를 사기도 한다.

✓ 미스 포인트 = 자신을 잘 보이려고 성공담만 이야기했다

듣는 사람의 관점에서 생각해 보면 주인공은 듣는 사람이다. 말하는 사람이 얼마나 대단한지는 중요하지 않다. 오로지 자신에게 도움이 되거나, 자신이 공감할 수 있는 이야기를 원한다. 말하는 사람이 성공담만을 강조하면 듣는 사람은 '아, 저 사람은 나와는 다르구나. 대단한 사람이니까' 하고 마음이 멀어진다.

금연 세미나에 참여했다고 생각해 보자. 단번에 담배를 끊은 강한 의지를 가진 사람의 말은 나와는 거리가 먼 이야기처럼 들린다. 그보다 과거에 흡연자로 살면서 몇 번이나 금연에 실패했던 사람이 우여곡절 끝에 성공한 이야기는 훨씬 설득력을 갖는다. 듣는 사람도 실천할 수 있다고 생각하게 만들기 때문이다.

자신이 그만큼 대단한 실적을 올렸다는 것을 강조하기보다 실적을 올리기까지의 과정을 이야기하면서 얼마나 많이 고생하고 고민했는지를 공유하는 것이 중요하다. 그래야 듣는 사람이 '나도 참고할 수 있겠다', '나도 따라해 봐야지'라고 생각하며 공감한다.

브레이크스루 메소드에서는 스토리 작성을 위해 '네 가지의
F'를 강조하고 있다.

① **실패**Failure
② **불만**Frustration
③ **첫 경험**First
④ **결점**Flaw

언뜻 보기에는 부정적으로 보이는 것들이지만 사실은 듣는
사람의 흥미를 유발하고 공감을 이끌어 내기 위해 중요한 요소
들이다.

"몇 번이나 금연에 실패했던 내가 이 프로그램을 이용해 담
배를 끊을 수 있었다."
"직원의 이직률이 높아서 불만이었는데 이 근무방법을 도입
했더니 정착률이 높아졌다."
"첫 스피치에서는 흥분해 절규하던 내가 토스트마스터즈에
가입하고 스피치 전문가가 됐다."

이처럼 모든 이야기에는 부정에서 긍정으로 반전되는 요소가 있어야 듣는 사람의 흥미를 끌어당긴다. 그러면 어떤 과정을 거쳐 부정적 요인을 긍정적으로 바꾸었는지 알고 싶은 마음도 덩달아 생기게 된다.

광고나 프로모션에는 부정적 요소를 내보이지 않는 것이 좋다고 생각하기 쉽다. 하지만 제품이나 서비스를 개발할 때의 고생담이나 기존 제품에서 느낀 불만, 첫 시제품을 만들었을 때의 느낌 등 어떤 이야기도 활용할 수 있다.

네 가지의 F를 적용해 야마다 씨의 프로모션 문구를 바꾸어보자.

개선사례

일에만 매진하느라 마흔이 다 되도록 애인도 없었습니다. 바로 2년 전의 제 모습이에요. 그래도 선은 절대 보지 않겠다며 외로이 짝을 찾다가 장벽을 느꼈을 때, 배우자 찾기 커플매니저인 M씨를 만났습니다.

M씨는 제가 기존에 상상하던 데이터와 데이터를 매칭시키

는 방법이 아니라 매우 세련된 기법을 사용했어요. 덕분에 만남 3개월 후에 결혼에 성공하고 아이도 생겼습니다.

분명 저처럼 고민하는 분들이 많으실 겁니다. 그래서 M씨의 기술을 전수받아 저도 배우자 찾기 커플 매니저로 활동하게 됐습니다.

늦었다고 생각하는 분들께도 봄을 찾아드립니다.(한 문장)

우선 자신이 고생한 이야기를 소개한 다음에는 자신이 잘나서 지금의 성공에 이르게 된 것이 아니라 '프로세스가 좋았다. 그러니 당신도 이 프로세스를 사용하면 성공한다'는 식으로 성공의 대상을 듣는 사람에게로 넘기면 공감을 얻기에 수월하다.

이 개선사례에서 프로세스는 배우자 찾기 코칭 매니저인 M씨의 훌륭한 방법이고 그 결과는 멋지게 성공했다는 것이다. 그러므로 자신처럼 고민하는 사람들에게 힘이 되고 싶다는 흐름으로 타깃층을 설득하면 된다. 공감을 얻을 수 없는 성공담을 과시하기보다 듣는 사람이 공감할 수 있는 '네 가지의 F'를 잘 활용해 보자.

뉘앙스로 전달하려 하지 마라

한 자동차 회사의 신차 발표회에 참석했을 때의 일이다. 홍보 팀의 부장이 많은 사람 앞에서도 익숙한 듯 당당하고 유창하게 말했다. 하지만 정작 귀 기울여 보면 무슨 이야기를 하고 싶은 것인지 아리송했다.

홍보팀 부장의 프레젠테이션 원고

자사의 대표 모델로 불리는 샌더버드는 주행의 즐거움을 추구했고 많은 분들로부터 호평을 받았습니다.

정중하게 정보를 전달하지만 피상적인 느낌을 주는 말들뿐
이다. 그만한 이유가 있다. 사실 이 문장은 저맥락Low context 말
하기가 아니다. 콘텍스트Context는 문맥이나 전후 맥락이라는 뜻
이다. 특정한 무언가를 가리키는 말이 아니라 전후 사정을 통해
읽어 낼 수 있는 의미를 말한다. 쉽게 말해 분위기를 파악한다
고 말할 때의 '분위기'에 해당된다고 보면 된다.

✓ 미스 포인트 = 저맥락 말하기가 아니다

우선 저맥락이 무엇인지 자세히 살펴보자. 뉴욕의 한 일본계
기업에서 실제로 일어난 소통 오류의 사례가 있다. 일본인 상
사에게 독일계 미국인 직원이 사업 계획을 제안하고 있는 자리
였다. 아이디어를 들은 상사는 단칼에 대답했다.

"그건 어렵겠어."It's difficult.

그 직원은 상사의 대답을 어떻게 받아들였을까? 이때 그 직
원이 일본인이었다면 자신의 제안이 거부당했다고 해석했을
가능성이 크다. 상사가 거절의 뜻을 에둘러 표현한 것으로 알아
차렸을 테니까. 하지만 독일계 미국인 직원은 달랐다.

그는 그 일이 '어렵다'는 의미를 해결하는 데 곤란함이 있다

는 것으로 받아들였다. 곧 어려움을 뛰어넘는 도전을 하면 자신이 높이 평가받을 것이라고 해석했다. 그리고 일주일 동안 그 일을 해결하기 위한 아이디어를 짜내어 상사에게 새로운 프레젠테이션을 선보였다. 직원의 갑작스러운 프레젠테이션에 깜짝 놀란 상사는 오히려 격노했다.

"그 아이디어는 아니라고 했는데, 일주일 동안 이런 쓸데없는 일에 시간을 낭비한 건가!"

일본인 직원이었다면 상사가 말한 언어 외적인 의미를 알아차렸을 것이다. 일본의 커뮤니케이션은 그야말로 '눈치' 문화를 중심으로 이뤄지니 말이다. 반면 독일계 미국인 직원은 눈치 중심의 문화권에서 자라지 않아 상사가 어렵다고 한 말에 담긴 의미를 해석하는 데 오류를 범한 것이다.

서양에서는 모든 사실을 말로 명확하게 전달한다. 종종 서양인들 사이에서 분명하게 말을 하라는 이야기를 한다. 이때 이것저것 모두 끄집어내어 말하라는 뜻이 아니다. 애매한 부분이 생기지 않도록 분명히 밝히라는 말이다.

문화인류학자인 에드워드 홀Edward T. Hall 교수는 '고맥락, 저맥락'high context, low context이라는 개념을 내놓았다. 세계 각국의 커뮤니케이션을 비교해 보면 문화적 배경에 따라 언어 외적인 부분에 많이 의존하는지, 언어 자체에 의존하는지가 나뉜다고 한다. 이때 고맥락은 비언어적인 부분이 큰 문화이고, 저맥락은 언어에 의지하는 문화다. 한국, 일본과 같이 동아시아의 문화로 대표되는 동양 사회가 대표적인 고맥락 사회이며 유럽의 문화로 대표되는 구미권 사회가 대표적인 저맥락 사회이다.

가령 고맥락 사회에서는 직장 상사가 "그거."라고 하면 비서가 차를 내오는 식으로 눈치 문화가 발달해 있다. 반면 스위스, 독일, 스칸디나비아 국가, 미국, 프랑스 등의 저맥락 사회에서는 모든 사실을 언어로 표현해 애매함을 줄인다. 계약서를 쓸 때도 미국의 계약서는 애매한 부분을 없애려다 보니 매우 두꺼워지는 일이 다반사다.

고맥락 사회에서 생활하는 사람이라면 글로벌 무대에서 다른 문화권의 상대를 접할 때 저맥락 문화에 대한 기본적인 이해를 갖고 대화해야 상대방과의 오해를 줄이고 자신의 의사를 더 잘 전달할 수 있다.

브레이크스루 메소드에서도 메시지를 저맥락화하라고 가르친다. 《한 문장으로 말하라》도 상대방이 해석할 수 있는 여지를 최소한으로 줄이는 저맥락의 개념에 기초한 것이다.

이는 비단 다른 문화권 사이의 커뮤니케이션에만 해당되는 이야기가 아니다. 같은 문화권의 사람들이라도 지역마다 문화가 다르고 가치관과 의사소통 스타일도 다르다. 기업 문화나 부서 특유의 문화도 있다. 그러니 같은 동아시아인이라도 가치관이 다른 상대방에게 의사를 전달하려면 저맥락을 지향해야 한다. 특히 비즈니스 말하기는 상대방이 누구든 저맥락화를 통해 애매함을 없앤 구성일 때 메시지를 쉽게 전달할 수 있다.

앞서 소개한 신차의 설명문은 대표적인 고맥락 화법이다. 자신이 전달하고자 하는 바를 에두르는 식으로 말해 무엇이 어떠한지를 간명하게 전달하지 못했다. 특히 '주행의 즐거움을 추구했다'는 말은 자동차를 만든 회사가 원하는 바를 추구했다는 흐름이어서 결국 프레젠테이션은 '말하는 사람의 관점'으로 마무리되고 말았다. 프레젠테이션 문구를 브레이크스루 메소드의 방식으로 저맥락화하면 듣는 사람의 관점으로 충분히 바꿀 수 있을 것이다.

개선사례

자사의 대표 모델인 샌더버드는 차를 사랑하는 당신을 위한 차입니다. 차와의 일체감을 통해 달리는 즐거움을 느낄 수 있거든요. 많은 사용자들로부터 좋은 평가를 받았지만 차를 사랑하는 당신이야말로 만족할 만한 차입니다.

애매한 표현이 한결 줄어들고 '차를 사랑하는 당신', '차와의 일체감' 등과 같이 구체적인 말들이 많아졌다. 또한 '차를 사랑하는 당신이야말로 만족할 만한'처럼 듣는 사람을 직접적으로 지칭하는 표현을 통해 듣는 사람의 관점도 자연스럽게 더해질 수 있다.

논리적 올바름만 내세우는 말하기의 맹점

여기까지 살펴보면서 브레이크스루 메소드에서는 다음의 기본 규칙을 지킨다는 사실을 확인했을 것이다.

- 원 빅 메시지를 한 문장으로 말하라
- 듣는 사람 관점에서 생각하라
- KISS(간단·간결·간명) 하라
- 미래 예상도를 팔라
- 성공담만 늘어놓지 말라
- 저맥락화를 명심하라

이 규칙들만 지킨다고 끝이 아니다. 더욱 근본적인 것이 필요하다. 과연 효과적인 말하기를 위해 무엇이 필요한 것일까? 과거에 내가 직접 겪은 뼈아픈 경험을 근거로 이야기해 보고자 한다.

한때 나는 일본의 한 기업과 일을 했다. 당시 그 기업의 이사장이 직접 내게 컨설팅을 의뢰할 정도로 중요한 프로젝트였다. 이사장은 자신들의 해외 전략이 미국에서 통할지 궁금해했다. 기업의 전략을 분석해 보니 여러 가지 결점이 발견됐다. 나는 이사장에게 문제점을 설명하고 유익한 전략을 새롭게 제안하기로 했다.

이사장은 원래 모 관청에 몸담고 있던 사람으로 은퇴 후 환갑을 훌쩍 넘긴 나이에 이사장이 된 엘리트 중 엘리트였다. 하지만 당시 MBA를 마치고 맥킨지에서 경험을 쌓은 후 독립한 나는 분석력, 논리력으로는 누구보다 자신이 있었다. 거칠 것 없이 기업의 전략이 잘못된 이유를 들었다. 그리고 내가 대안으로 제안한 전략이라면 분명히 성공할 수 있다는 것을 피력하며 훌륭한 프레젠테이션을 선보였다. 그리고 나서 프레젠테이션 자료를 일제히 관계자들에게 참조 메일로 전송했다.

나는 프레젠테이션을 통해 '이 전략은 이사장 개인의 인맥에 의존하는 부분이 많아서 확산시키기 어렵고, 미국 시장 내부에 진입할 힘도 부족하다'는 내용을 결점으로 들었다. 그 대신 '미국의 판매 대리점과 전략적 제휴'를 권하는 내용을 대안으로 실었다.

다음 날, 이사장으로부터 메일이 한 통 왔다. '전화주세요'라는 다섯 글자만 적힌 짧은 메일이었다. 나는 불길한 예감에 사로잡힌 채 전화를 걸었다. 이사장은 대뜸 "자네는 도대체 본인이 뭐라고 생각하는 거지?"라며 불같이 화를 냈다. 그러고는 실컷 화를 내더니 "자네, 이 일에서 손 떼!"라는 말과 함께 전화를 끊었다. 너무나도 큰 실패였다.

나는 어떻게 이런 일이 벌어진 것인지 과정을 찬찬히 되돌아봤다. 가장 큰 원인으로 한 가지만 꼽으라면 논리적 사실만을 전달하느라 듣는 사람의 마음에 다가가지 못한 점인 것 같았다.

✓ 미스 포인트 = 논리적 사실을 머리로만 전달했을 뿐 마음에는 전하지 못했다

오랜 세월 공직에서 근무한 경력이 있는 이사장은 무엇보다 직책과 조화를 중시할 것이다. 또 무엇이든 완곡하게 표현하는

고맥락 문화의 성향을 가진 것이 분명했다. 결과적으로 그토록 권위를 중시하는 사람의 전략이 잘못됐다는 내용을 공유하는 참조 메일은 절대로 보내서는 안 되는 것이었다. 이사장이 체면을 구겼다며 화를 낸 것도 당연한 일이다.

지금의 나라면 달리 말했을 것이다. 상대방이 듣고 싶어 하는 말을 담아 "일본 시장에서는 이사장님의 인맥으로 현저한 사업 성장을 이루었습니다. 미국 시장에서도 '이사장님과의 미국판 태그 전략'을 취하면 되겠습니다."라며 듣는 사람이 받아들이기 쉬운 말로 제안할 것이다.

아무리 옳은 메시지를 담았더라도 상대방의 마음에 다가가지 못하는 프레젠테이션이나 말하기로는 상대를 움직이지 못한다. 햇병아리 컨설턴트 시절의 뼈아픈 경험이었지만 덕분에 중요한 배움을 얻을 수 있었다.

보통 인간의 행동을 이끌어 내려면 세 가지 요소가 필요하다고 한다. 바로 에토스(신뢰), 파토스(감정), 로고스(논리)다. 아리스토텔레스가 주장한 '설득의 3요소'로 그리스 시대부터 인간의 본질이 크게 달라지지 않았음을 보여 주는 증거이기도 하다. 즉 에토스와 파토스, 로고스가 갖춰졌을 때 비로소 인간의 머리와 마음을 움직일 수 있다.

제2장

STEP 1 불필요한 메시지 정리하기

무엇을
덜어 낼 것인가

정보 정리가 말하기의 성패를 좌우한다

원론적인 이야기부터 시작해 보자. 비즈니스 말하기란 무엇일까? 제1장에도 등장한 월드 클래스 스피킹의 거장인 크레이그 밸런타인은 '프레젠테이션, 스피치를 포함한 비즈니스 말하기는 듣는 사람을 TALL하게 만드는 것'이라고 말했다.

'TALL'이란 'Think, Act, Learn, Laugh'의 머리글자를 딴 말이다. 즉 말하기를 통해 상대방이 무언가를 생각하고, 행동하며, 배우고, 웃게 만든다는 뜻이다. 이것을 한 문장으로 말한다면 '정보의 엔터테인먼트화'라고 할 수 있다. 자신이 가진 가치 있는 정보를 제공해 상대방의 머리와 마음을 움직이게 만들려면 상대방 스스로 생각하고 행동하며 배우고 즐기게 만들어야 한다.

내가 이렇게 말하면 결국 일은 일일 뿐이니까 즐거울 수 없다고 말하는 사람들이 종종 있다. 하지만 듣는 사람에게 기존에 없던 깨달음을 전해 주면 '도움이 됐다', '듣기를 잘했다'고 생각하게 만들 수 있다. 상대방이 그런 생각을 할 수 있는 가치 있는 정보를 제공해야만 한다.

프레젠테이션이란 상대방에게 엔터테인먼트화된 정보를 선물하는 것이다. 그러한 프레젠테이션을 준비하려면 듣는 사람에게 이야기를 하기 훨씬 전 단계부터 치밀한 구성을 짜기 시작해야 한다. 어떤 문장으로 표현할지, 어떤 디자인으로 자료를 만들지 생각하기 훨씬 전 단계부터 정보를 정리하는 것이 프레젠테이션의 성공을 좌우하기 때문이다. 프로세스의 비중으로 말하면 정보 정리에 약 70퍼센트의 시간을 들인다는 마음가짐이 필요하다.

브레이크스루 메소드는 단 세 가지 프로세스로 그 구성을 만들 수 있다. 참고로 나머지 30퍼센트는 실제로 전달하는 법에 대한 준비에 해당된다. 이번 장에서는 프레젠테이션의 성공을 좌우하는 정보 정리의 기술에 초점을 맞추고자 한다. 1단계는 얼마나 듣는 사람의 관점에서 정보를 정리하는가이다.

논리+감정+신뢰의 3박자를 갖추어라

비즈니스 말하기의 목표는 상대방을 움직이는 것이다. 좀 더 자세히 말하면 상대방의 마음과 머리를 움직여 의식을 바꾸고 상품 구입이나 생활 개선 등의 행동으로 연결시키는 것이다. 여러 의미에서 상대방을 움직이는 것이 중요한 목적이다. 자신이 전달한 정보에 상대방이 공감해 움직여 줬을 때 비로소 가치가 발생한다. 그러니 내 말이 상대방을 어떻게 움직일지를 구체적으로 상상하며 프레젠테이션을 준비하도록 한다.

  보통 인간의 행동을 이끌어 내려면 세 가지 요소가 필요하다고 한다. 바로 에토스(신뢰), 파토스(감정), 로고스(논리)다. 아리스토텔레스가 주장한 '설득의 3요소'로 그리스 시대부터 인간의 본질이 크게 달라지지 않았음을 보여 주는 증거이기도 하다.

즉 에토스와 파토스, 로고스가 갖춰졌을 때 비로소 인간의 머리와 마음을 움직일 수 있다. 만약 상대방이 자신의 프레젠테이션을 보거나 듣기 위해 일부러 찾아올 만하다고 느끼게 하려면 이성뿐만 아니라 감정에 호소하는 결과물을 내놓아야만 한다.

그런데 대체로 반응을 이끌어 내지 못하는 평범한 프레젠테이션 중에는 기능만 나열하는 유형이 많다. 예를 들면 신제품 로봇청소기를 소개하면서 새로운 기능을 갖고 있다는 기능적 특징만을 전달하는 식이다.

물론 메시지의 로고스만으로 판단하면 그것도 좋은 세일즈 포인트라고 생각할 수 있다. 하지만 설득의 메시지에 파토스가 빠져 있다면 절대 상대방의 마음은 움직이지 않는다. 인간의 감정을 움직이려면 청소기를 손에 넣었을 때 생활이 얼마나 드라마틱하게 편해지고 좋아지는지에 대한 미래 예상도를 보여 주어야 한다. '행복한 미래 예상도'를 제시하면 인간의 마음은 움직이는 법이다. 미국의 대표적인 전기기기 제조회사인 제너럴 일렉트릭에서도 '감정이 이성보다 앞선다'Emotional first, rational second라는 기조를 내세운다. 또 인간은 감정으로 먼저 받아들이고 이성으로 판단하는 동물이라고 알려져 있다.

한편 에토스는 파토스와 로고스를 지탱하는 기반이다. 에토스는 영어 단어 '윤리'Ethic의 어원으로서 신뢰와 덕을 의미한다. 예를 들어 청소기를 출시한 브랜드가 전기기기 업계에서 신뢰를 얻고 있는 곳이라면 자연스레 에토스가 작용한다. 또는 밀레니얼 세대를 겨냥한다면 환경을 파괴하지 않고 적극적으로 전기를 절약한다는 정보 등의 요소도 에토스를 형성하는 데 작용할 것이다. 오늘날의 주요 소비자인 밀레니얼 세대는 윤리적

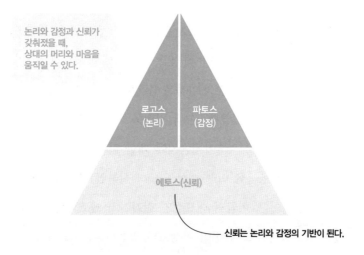

논리와 감정과 신뢰가
갖춰졌을 때,
상대의 머리와 마음을
움직일 수 있다.

로고스
(논리)

파토스
(감정)

에토스(신뢰)

신뢰는 논리와 감정의 기반이 된다.

아리스토텔레스가 주장한 설득의 3요소

으로 옳은지도 소비의 중요한 판단 요소로 여기는 특성을 갖고 있다. 앞으로는 이러한 기준들을 빼고는 마케팅할 수 없다. 상대방의 마음을 움직이고 상대방의 머리를 움직여 의식 개혁을 이뤄 내고 상대방이 스스로 행동하게 만들 때, 비로소 진정으로 마음과 머리를 움직이는 말하기를 할 수 있다.

듣는 이와의 공통점을 찾아라

상대방을 움직이려면 구체적으로 어디서부터 시작해야 할까? 나는 늘 자신과 내 말을 듣는 이들의 공통점을 찾는 것부터 시작한다. 전략 컨설턴트인 나는 비즈니스 말하기의 원고 작성이 마케팅 전략과 같다고 생각한다. 마케팅 전략을 설계할 때 무엇부터 시작하는지 생각해 보자. 머릿속에 어떤 상품의 아이디어가 떠오른다고 해서 곧장 제조부터 시작하지는 않을 테니까. 먼저 마케팅의 대상이 될 시장이나 고객을 조사·분석해 시장성과 수요, 고객의 행동 패턴 등을 파악하는 일부터 시작할 것이다.

말하기 역시 마찬가지다. 마케팅 전략에서 실시하는 조사와 분석의 과정이 매우 중요하다.

'AI가 만드는 미래'라는 주제로 이야기를 한다고 가정해 보자. 같은 주제일지라도 시민회관에서 70대의 어르신들을 대상으로 이야기할 때와 취직을 앞둔 대학생을 대상으로 이야기할 때, 소매점 경영자들을 앞에 두고 이야기할 때는 자연스레 타깃층의 흥미를 끄는 내용이 달라진다.

구직 활동 중인 대학생이라면 'AI가 대체할 수 없는 인간의 일이란 무엇인가'에 관심을 가질 것이고, 경영자라면 'AI를 통해 비용을 얼마나 줄일 수 있는지'에 관심이 높을 것이다. 70대 이상의 어르신이라면 '운전하지 않아도 차가 목적지까지 데려다준다'는 등의 이야기가 와닿을지 모른다. 같은 주제를 가지고 사내 직원들을 대상으로 AI 관련 사업을 설명할 때도 듣는 사람에 따라 정곡을 찌르는 핵심 주제는 달라질 것이다.

그렇다면 마케팅 조사를 할 때, 상품을 팔고자 하는 상대방이 누구인지는 어떤 식으로 분석하는 것일까? 예를 들어 타깃을 '30대 남성, 미혼, 도시 거주, 풀타임 근무' 등과 같은 속성에 따라 분류할 수 있을 것이다. 하지만 인간은 그러한 속성들보다 훨씬 복잡한 존재다.

똑같은 '30대 남성, 미혼, 도시 거주, 풀타임 근무'의 조건을

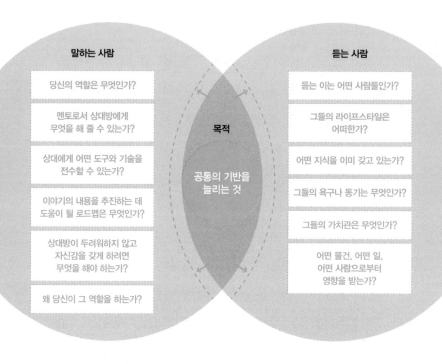

말하는 사람		듣는 사람

당신의 역할은 무엇인가?

멘토로서 상대방에게
무엇을 해 줄 수 있는가?

상대에게 어떤 도구와 기술을
전수할 수 있는가?

이야기의 내용을 추진하는 데
도움이 될 로드맵은 무엇인가?

상대방이 두려워하지 않고
자신감을 갖게 하려면
무엇을 해야 하는가?

왜 당신이 그 역할을 하는가?

목적

공통의 기반을
늘리는 것

듣는 이는 어떤 사람들인가?

그들의 라이프스타일은
어떠한가?

어떤 지식을 이미 갖고 있는가?

그들의 욕구나 동기는 무엇인가?

그들의 가치관은 무엇인가?

어떤 물건, 어떤 일,
어떤 사람으로부터
영향을 받는가?

듣는 이와의 공통점을 찾는 질문

가진 사람일지라도 A씨는 승진해 대기업의 간부가 되기를 바라는가 하면, B씨는 주식 투자에 관심이 많아 나중에 독립해 트레이더로 성공하고 싶다고 생각할지도 모른다. 이렇듯 이야기의 대상으로 삼을 사람들과 연결되려면 겉으로 드러난 속성보다 훨씬 깊은 곳에서부터 소통을 통해 이어져야만 한다.

말하는 사람인 당신을 커다란 원이라고 상상해 보자. 당신의 역할은 듣는 사람의 안내자다. 마찬가지로 듣는 사람도 커다란 원이라고 상상해 보자. 당신과 듣는 사람을 상징하는 원이 겹치는 부분이 바로 공통의 관심이자 목적이며 공통분모인 셈이다. 말하는 사람과 듣는 사람의 원이 겹친 부분을 찾아내기 위해 다음에 나오는 네 가지 질문을 던져 보자.

듣는 이는 누구인가?

첫 번째 질문은 '듣는 이는 누구인가?'다. IT 엔지니어인 당신이 새로운 소프트웨어를 설명한다고 가정해 보자. 같은 부서의 사람을 상대로 하는 이야기라면 전문용어를 사용해도 무리 없이 통한다. 하지만 영업부 인력이나 관리직을 대상으로 하는 프레젠테이션이라면 문제가 달라진다. 엔지니어를 대하듯 전문용어를 구사해서는 상대방이 프레젠테이션의 내용을 전혀 따라오질 못한다. 하물며 일반 소비자를 대상으로 하는 프로모션에서는 아무것도 제대로 전달하지 못하는 최악의 결과를 초래할 수도 있다.

듣는 사람의 연령이나 라이프스타일뿐만 아니라 주제에 관한 지식 수준과 흥미 여부, 중요하다고 느끼는 정보, 주요 관심사, 마음을 움직이는 요소 등을 구체적으로 파악하는 것이 핵심이다. 자신과 상대방에게 아무런 공통점이 없어 보일 때도 질문을 하다 보면 분명 공통점을 찾을 수 있다.

그렇다면 어떻게 공통의 기반을 찾아갈 수 있을까? 실제로 내가 마더스 코칭 스쿨을 수강하는 여성들에게 세미나를 했을 때의 일이다. 마더스 코칭 스쿨이란 자녀의 미래 의사소통을 지도하기 위해 엄마가 배우는 커뮤니케이션 강좌다. 나 역시 외동딸을 가진 엄마지만 당시까지는 마더스 코칭의 존재를 전혀 알지 못했다. 그래서 먼저 마더스 코칭 설명회에 참가할 예정인 사람들을 대상으로 사전 정보 수집 작업에 들어갔다.

말하기를 준비할 때는 듣는 사람이나 타깃층을 대상으로 미리 인터뷰를 해 보면 도움이 된다. 생생한 현장의 소리를 들어 보는 것만큼 실감나는 일은 없으니 말이다. 인터뷰를 해 본 결과, 마더스 코칭을 모르는 엄마들에게 그 가치를 알리는 것이 쉽지 않은 일임을 알게 됐다.

마더스 코칭의 가치를 모르니까 애를 놔두고 강연회에 올 만큼의 흥미가 생기지 않는다.

모르는 것이 있을 때 또래 엄마들에게 물어보면 어떻게든 될 것이라고 생각하는 사람도 많다.

또래 엄마들에게서 얻지 못하는 전문가의 지식을 얻을 수 있는 것이 마더스 코칭인데 그걸 모르는 사람이 많다.

육아의 현장에서 직접 경험한 엄마들의 이야기들을 들으니 '마더스 코칭의 가치를 알리고 돈을 내고서라도 코칭을 받고 싶은 마음이 들게 하자'는 목표로 이야기를 응집시켜야겠다는 생각이 들었다. 또한 세미나의 초점은 '프레젠테이션의 기본을 따르는 것'이 아니라 '타깃에게 마더스 코칭의 가치를 명확히 언어화하는 것'으로 바뀌었다.

먼저 타깃층인 엄마들의 이미지를 구체적으로 상정하고 그 사람들의 마음을 찌르는 핵심이 무엇인지를 그룹별로 나눠 논의했다. 어떻게 표현하면 더 명확하게 가치를 전달할 수 있을지 한 문장 이내로 이야기하는 연습도 해 보았다. 그 결과 각 그룹별로 다음과 같은 청중 관점의 메시지가 완성됐다.

가족의 협력을 즐겁게 끌어내는 프로의 기술.

혼자가 아니야. 육아 프로의 안심 테크닉.

부모와 자녀가 자신을 사랑하게 되는 프로의 노하우.

내 세미나에 참석한 마더스 코치들은 프레젠테이션의 극적인 변화를 경험하고 "잘 떠드는 사람이 프레젠테이션을 잘하는 게 아니라 듣는 사람을 매료시키는 내용이 가장 중요하다는 사실을 알았어요."라며 그 효과를 환영했다. 같은 속성을 가진 그룹에게 인터뷰를 해 보고 그들의 관심이 있는 주제를 찾아내는 일은 나도 늘 새롭고 명심하는 부분이다.

한 일본계 보험회사에서 워크숍을 실시했을 때 청중의 80퍼센트가 미국 중서부의 백인인 경우도 있었다. 그야말로 이문화, 나와는 공통분모가 전혀 없어 보이는 그룹을 상대로 프레젠테이션을 해야 했다. 하지만 사전에 몇 명을 인터뷰해 보니 남들에게 말하지 못하는 불만을 가지고 있다는 점, 부서의 차이로 인해 각자 의식의 차이가 있다는 점 등을 알 수 있었다. 또 그들이 가진 불만은 나도 느껴 본 적 있는 것들이었다. 그렇게 공통분모를 찾아 나가는 것이다.

상대방을 인터뷰해 본심이나 고민을 알게 되면 그들이 무엇을 듣고 싶어 하는지 알 수 있다. 물론 비즈니스 상황에서는 사전에 인터뷰가 불가능한 경우가 많다. 가령 처음 방문한 회사에서 첫 영업 프레젠테이션을 하는 경우라면 먼저 전화로 인터뷰하기도 어렵다. 기조강연이나 콘퍼런스의 경우라면 참석자가 너무 많아서 인터뷰가 불가능할 것이다. 이러한 과제를 눈앞에 두고 있다면 인터넷을 통해 상대방이나 상대 기업에 관한 정보를 어느 정도 파악할 수 있다.

① 상대 회사의 웹사이트

② 주요 신문의 기사

③ 상장기업의 연차보고서

④ 유관 단체의 웹사이트나 간행물

⑤ 사용자나 전문 업체가 작성한 상품 리뷰

⑥ 구직 사이트 등에 등록된 회사 평판

⑦ 경쟁 기업의 정보와 업계 정보

⑧ 기업의 소재지와 주변 커뮤니티 정보

⑨ 링크드인과 소셜 미디어 페이지

사실 앞서 말한 보험회사에서 수행할 연수 제안 프레젠테이션을 준비할 때 사전에 많은 조사를 진행했다. 웹사이트를 꼼꼼히 살펴보니 '고객 관점', '배려·조화·경의'가 기업의 문화와 이념의 밑바탕임을 알 수 있었다. 또 〈로이터〉나 〈재팬타임스〉를 통해 현재 회사가 인수합병M&A을 적극적으로 추진하고 있다는 것도 알게 됐고 인수합병 상대의 색다른 기업 문화와 가치관을 함께 융화시켜 나갈 필요성이 있겠다는 예측도 가능했다.

더불어 소셜 미디어의 글이나 리뷰 등을 찾아보니 피보험자들은 그 보험회사의 정중한 고객 서비스에 높은 만족도를 보이고 있었다. 하지만 일본 내 사무소의 만족도는 높은 반면 미국 내 사무소는 만족도 면에서 다소 편차가 있으며 보험금 처리에도 시간이 걸리는 편이라 평판이 그리 좋지 않다는 것을 알 수 있었다.

이 정도의 정보를 찾아보는 것만으로도 '인수합병 후에도 철저히 고객 관점에서 생각하고, 일관된 품질의 서비스를 제공하기 위해 기업의 가치관부터 하루하루의 업무까지 하나로 연결되는 커뮤니케이션 프로세스를 명확히 하자'는 내용의 프레젠테이션 초안을 만들 수 있었다. 결과적으로 보험회사 연수 과정의 강의 자리를 따냈다. 이와 같이 자신이 수집한 정보를 통해 어떤 메시지로 승부를 볼 것인지 듣는 이의 관점에서 생각해보자.

듣는 이는 무엇을 얻을 수 있는가?

다음으로 자문해 봐야 할 것은 '상대방이 그 이야기를 듣고 얻을 수 있는 이득은 무엇인가?'다. 당신이 팔고 싶은 상품, 당신이 통과시키려는 기획, 당신이 알리고자 하는 지식이 청중에게 어떤 이득을 주는 것일까?

잠시 두뇌 체조를 해 보자. 보통 판매를 잘하는 사람을 비유적으로 표현해서 '에스키모인에게 냉장고를 파는 사람'이라고 말하는 것을 들어 봤을 것이다. 즉 '상대가 필요하다고 느끼지 않는 것을 팔아야 할 때는 어떻게 할 것인가?'에 관한 이야기를 하고자 한다. 과연 추운 극지방에 사는 사람들에게 어떻게 하면 냉장고를 팔 수 있을까?

만약 냉장고를 '얼음을 만들 수 있는 상자'로 알려 판매한다면 절대 팔리지 않을 것이다. 소비자에게 필요하지도 않은 물건을 사라고 내밀어 봐야 아무런 관심도 불러일으키지 못할뿐더러 오히려 민폐가 될 수 있다. 하지만 소비자에게 이득이 되는 부분을 담아서 설명하면 어떨까?

이것만 있으면 고기도 채소도 희망하는 온도로 보존할 수 있습니다.

밖으로 음식을 가지러 나가지 않아도 집 안에서 해결할 수 있으니 편해요.

얼어 버린 고기를 냉장실에서 해동시키면 실온에서 해동하는 것보다 훨씬 맛있습니다.

원할 때 맛있는 스테이크를 먹을 수 있어서 좋습니다!

이런 식으로 상대방이 매력을 느낄 만한 미래 예상도를 보여 준다면 구매 의욕을 북돋울 수 있지 않을까?

사람은 누군가 자신에게 억지로 물건을 팔려고 하는 느낌을 받으면 자연스레 경계한다. 하지만 이 물건을 손에 넣으면 좋은 점이 이렇게나 많다는 미래 예상도를 보여 주면 스스로 마음을 돌려 귀 기울인다. 즉 사람은 어떤 것이든 자신에게 이득이 되는 '내 일'이 될 때 관심을 보인다.

자신도 모르게 "우리 신제품의 기능은 ○○하다."는 식으로 말하고 싶어진다면, 그것이 상대방에게 어떤 도움을 줄지를 몇 번이고 자문하면서 이유를 적어 보자.

> 이번 기획이 통과되면 서로의 고객을 끌어들이는 데다 고객이 더 갖고 싶어 할 만한 매력적인 한정 제품을 구성할 수 있으니 모두에게 행복한 미래가 예상된다.
>
> 이 그룹 소프트웨어를 도입하면 팀워크를 효과적으로 활용할 수 있다. 지금까지 많은 시간을 들여 진행했던 인수인계나 정보 공유가 순식간에 이루어져 시간 낭비를 줄일 수 있고 덕분에 창의적으로 일할 수 있다.

이런 식으로 상대방에게 득이 되는 미래 예상도가 있으면 누구라도 귀를 기울여 줄 것이다. '대상이 누구인가?'라는 질문에 대한 답을 찾기 위해 인터뷰를 통해 사람들의 고민과 바람을 살펴본 다음 그 문제를 해결해 줄 아이디어나 희망사항에 긍정적으로 작용하는 것이 무엇인지 생각해 보자. 당신의 이야기를 통해 듣는 사람이 무엇을 얻을 수 있는지 상대방 관점에서 생각해 보라.

왜 당신이 이야기하는가?

세 번째로 '왜 내가 그 이야기를 해야 하는가?'를 자문해 보라. 다른 누구도 아닌 당신이 이야기를 해야 하는 이유를 생각해 보자는 것이다. 대체로 "영업부라서 영업을 해야 한다."거나 "프레젠테이션을 떠맡게 돼 어쩔 수 없이 하고 있다."라고 대답하는 사람이 많을 것이다.

하지만 그런 이유로 말하고 있다는 것을 듣는 사람이 느끼게 만들면 절대로 그들의 관심을 끌어낼 수 없다. 만약 당신이 상품을 판매하는 위치라면 자신이 얼마나 상품에 대해 잘 아는지, 어떤 열정을 가지고 있는지를 보여 준 다음 프레젠테이션이나 미팅을 하는 것만으로도 상대방에게 전달되는 느낌이 완전히 달라진다.

가령 상사가 상품을 설명할 예정이었는데 갑자기 상황이 바뀌어 당신이 상사를 대신해 설명해야 할 때도 있을 것이다. 대리인이라 할지라도 자신 없이 말해서는 안 된다. 이런 상황을 맞닥뜨리면 흔히 "죄송하다."라며 양해를 구하는 사람이 있다. "오늘은 상사가 올 예정이었는데 제가 오게 돼 죄송합니다."라며 사과를 한다면 상대방이 이해를 하기보다 실망하는 것이 당연하다.

그런 대처보다는 내가 상품 설명을 할 만한 사람이라는 것을 알리기 위해 이렇게 말해 보면 어떨까?

오늘 상사가 올 예정이었지만 저는 상사와 함께 상품을 키워온 팀의 일원이어서 이 상품에 대해 잘 알고 있습니다. 오늘은 꼭 제가 이 상품의 장점을 말씀드리고 싶습니다.

이렇게 자신이 해당 상품에 대해 잘 알고 있고 열정을 갖고 있으며 그래서 상품을 설명하기에 적합한 인물이라는 것을 전달하면 상대방은 안심할 것이다. 듣는 사람의 입장에서는 어쩔 수 없이 선수 교체로 들어온 대타보다는 확실한 스타플레이어의 설명을 듣고 싶은 법이다. 그것이 바로 듣는 사람의 입장을 고려한 말하기라고 할 수 있다.

　이야기를 시작하기 전에 반드시 '왜 내가 이야기해야 하는 지'에 대해 자문해 보자. 그리고 상대방에게, 또 자신에게 도움이 된다고 느껴지는 긍정적인 요소를 생각하라. 오로지 나만 이야기할 수 있는 경험담, 지식은 무엇인가? 적어도 나다운 말하기나 자신만이 전달할 수 있는 무언가를 발견할 수 있을 것이다. 그것이 무엇인지 찾아보라. 자신의 강점과 과거의 경험 등 스스로의 내면을 잘 관찰해 보자. 분명 당신만이 할 수 있는 것이 있을 테니 말이다.

이야기의 목적은 무엇인가?

지금까지 설명한 '듣는 이는 누구인가?', '듣는 이는 무엇을 얻을 수 있는가?', '왜 내가 그 이야기를 해야 하는가?'에 대한 질문들로 듣는 사람을 고려한 프레젠테이션의 기본적인 조사는 됐을 것이다.

다음으로 생각해야 할 것이 '듣는 이가 어떻게 행동하기를 바라는가?'라는 근본적인 문제다. 당신이 어떤 이야기를 상대방에게 전할 때 목적이 분명하지 않으면 무엇도 이룰 수 없다.

당신의 말이 끝나면 사람들이 어떻게 하길 바라는지 한번 따져 보라. 이번 장을 시작할 때 설명했듯 비즈니스 말하기에서는 '상대방을 얼마나 움직이느냐'가 핵심이다. 상대방이 '제품을 구매하기를' 바라는지, '사고방식을 바꾸기를' 원하는지, '기획에 찬성하기를' 바라는지 등 자신이 바라는 목표를 분명히 떠올려 보기 바란다.

그러한 목표를 명확히 밝히는 데는 'PAINT 사고법'이 도움이 된다. PAINT는 말하기의 목표를 위한 질문의 키워드를 뽑아 영문 머리글자를 딴 것이다. 다음 중 자신이 원하는 것이 무엇인지를 생각해 보면 자신이 이야기하는 목적을 분명히 할 수 있다.

- **설득**Persuade : 상대를 설득하고 싶은가?
- **행동**Act : 상대가 행동하게 만들고 싶은가?
- **계몽**Inspire : 상대를 계몽하고 싶은가?
- **통지**Notify : 상대에게 알리고 싶은가?
- **사고**Think : 상대가 생각하게 만들고 싶은가?

- 의구심이나 반대 의견을 가진 상대방을 설득하고 싶다면 → **설득**
- 구입 행동을 끌어내고 싶다면 → **행동**
- 상대의 의욕을 고취시키고 계몽하고 싶다면 → **계몽**
- 별로 알려지지 않은 사실을 올바로 알리고 싶다면 → **통지**

• 기존과는 다른 관점에서 생각해 보기를 바란다면 → **사고**

이처럼 자신의 말하기가 어떤 목적에 해당되는지 분류할 수
있다. PAINT의 머리글자는 기억하기 쉬우므로 나는 언제나 프
레젠테이션을 준비하기 전에 내 목적이 PAINT 중 어떤 목적
에 해당하는지 그리고 어떤 목적을 적절히 활용해야 하는지를
먼저 생각하려고 한다. 듣는 사람으로부터 어떤 행동을 끌어내
고 싶은지를 자신이 아는 것이 비즈니스 말하기의 대전제이기
때문이다.

구체적인 예를 들자면 일반적으로 판매의 최종 목표는 고객
이 구매하도록 만드는 것이다. 하지만 첫 미팅부터 행동을 목표
로 두고 상품을 팔려 하면 잘 되지 않는다. 실제로 고객이 상품
을 사게 만들려면 여러 번의 미팅을 거쳐야 할지도 모른다. 그
러므로 만날 때마다 각각의 미팅 목표를 만들면 된다.

예를 들어 첫 번째 미팅에서는 구매가 아니라 상품과 자사를
영업처에 알리는 수준의 통지를 첫 목표로 삼으면 된다. 두 번
째로 만날 때에는 의사결정자에게 자신의 상품과 가치를 인정
하도록 설득하는 것을, 세 번째 만남에서는 의사결정자에게서
구매 결정을 끌어내는 행동을 목표로 삼을 수 있다.

프레젠테이션은 최종 목표를 이루기 위한 최종 수단이 아니다. 늘 프레젠테이션을 염두에 두고 매번 작은 목표를 설정해 두는 것이 성공의 비결이다. 듣는 이가 누구인지, 그들에게 어떤 이득이 있는지, 왜 당신이 이야기를 해야 하는지 그리고 말하기가 끝나면 상대방이 어떻게 하기를 바라는지를 명확히 하면 1단계는 끝난다.

면접에서 활용 가능한 원 빅 메시지 화법

이번 장에서 설명한 '상대방 관점에서 정보 정리하기'와 '상대
방과 자신의 공통점 찾기' 작업은 다양한 구직 활동이나 면접
에서도 도움이 된다. 나는 비즈니스 프레젠테이션뿐만 아니라
이직을 하며 더 좋은 포지션을 찾으려는 고객의 취직 면접을
코칭할 기회도 종종 있었다. 이때 중요한 것은 듣는 사람과 말
하는 사람의 원이 겹치는 공통분모를 찾는 프로세스다.

취직을 위한 면접을 볼 때에는 본인의 학력, 근무 경험, 기술,
철학, 특기, 성격, 강점과 기업의 이념, 사풍, 역사, 주요 사업이
나 상품, 브랜드 이미지 등을 비교해 보면서 자신이 이 기업의
이익 창출에 어떤 기여를 할 수 있는지를 생각하는 프로세스가

중요하다.

가령 내 고객인 시게모리 씨는 40대 중반의 남성으로 대학을 졸업하고 곧바로 대형 은행에 들어가 근무했다. MBA를 거쳐 뉴욕에서도 활동한 경력이 있었다. 좀 더 도전하고 싶은 마음을 가지고 있던 그에게 마침 IT 대기업인 A사의 샌프란시스코 지사 임원진 후보 자리를 제안하는 기회가 찾아왔다. 나는 그가 최종 면접을 보기 직전에 면접 코칭을 맡게 됐다.

'A사와 시게모리 씨의 조건이나 장래성이 딱 맞는다!'고 할 만한 공통분모를 찾기 위해 세 단계를 거쳤다. 우선 시게모리 씨의 강점, 경험, 신념에 대해 들어 봤다. A사의 이념, 사풍에 대해서도 들으면서 A사가 중시하는 것, 추구하는 바를 명확히 그려 봤다. 그런 다음 마지막으로 시게모리 씨와 A사의 공통점을 찾으면서 원 빅 메시지를 도출했다. 이 세 단계 프로세스는 누구나 어떤 경우에서든 사용할 수 있다.

언젠가 고교 입시를 앞둔 학생의 면접 자기소개를 지도한 적도 있다. 매우 특이한 사례였는데 이때에도 세부적인 과정은 다르지 않았다. 열다섯 살의 수험생인 미아의 이야기를 들으며 그의 경험, 가치관 등을 끌어냈다. 그리고 그가 지원하는 학교의 철학, 교장 선생님의 말씀 등을 통해 교풍을 살펴봤다. 그런 다음 지원 학교와 접점이 될 만한 가치관을 찾고 그것을 자신만의 이야기로 만드는 프로세스를 밟아 원 빅 메시지를 도출했다.

미아가 내게 들려 준 이야기 속에서 그가 강조한 점은 바로 '사람들을 돕는 것을 중요하게 여긴다'는 메시지였다. 그에게 돕는다는 것의 의미에 대해 물었다. 미아는 자신감이나 의욕을 잃은 친구에게 용기를 주고 각자의 목표와 꿈을 향해 갈 수 있도록 다가가는 것을 도움이라고 정의하고 있었다.

이제 미아가 지원한 학교 중에서 미아의 생각과 접점이 있는 학교를 찾기만 하면 됐다. 제1지망였던 E고교는 긍정적인 마인드와 인간성, 리더십, 사회공헌력을 매우 강조하는 학교였다. 특히 그 학교에서 중시하는 철학 중에서 낙관적·긍정적 정신에 기초한 팀 리더십을 미아가 활용할 수 있을 것이라고 판단했다. 이것을 하나의 이야기에 담아 보니 훌륭한 자기소개가 완성됐다.

미아의 고교 입시 면접 자기소개 원고

저는 긍정적인 팀 리더입니다.(한 문장) 제가 속한 배구팀의 지구결승전 때의 일입니다. 마지막까지 동점을 이루었는데 5세트에 한 팀원이 실수를 연발해 결과적으로 지고 말았습니다. 그 친구는 자기 탓이라고 생각했고 다른 팀원들도 그렇다고 말했습니다.

저는 그 친구에게 다가가 '네 탓이 아니야. 이건 팀 스포츠니까 팀원 전체의 책임이야. 다음에 더 열심히 하자'고 말했고 팀원들에게도 그렇게 말했습니다.

팀은 한 명이라도 의욕이 떨어지면 전체가 의욕을 상실하게 됩니다. 그래서 저는 팀 전원이 의욕을 높일 수 있도록 긍정적으로 팀을 뒷받침하고자 신경을 씁니다.

이런 마인드를 강점으로 삼아 '긍정적인 팀 리더'로서의 인격을 키워 나가면 지역 커뮤니티나 사회에서도 사람들을 도와줄 수 있으리라 생각합니다. E고등학교에서라면 제가 더 그런 사람으로 자랄 수 있으리라 믿습니다.

자기소개 연습을 한 덕분인지 미아는 1지망이었던 E고교에 멋지게 합격했다. 임원진 후보 면접을 본 시게모리 씨 역시 보란 듯이 자리를 꿰찼고 지금은 임원이 되어 열심히 활약하고 있다.

고등학교 입시생인 열다섯 살의 학생이든, 기업 임원진 후보 면접을 앞둔 마흔다섯 살의 성인이든 자신의 목적을 이루기 위한 프레젠테이션을 준비하는 프로세스는 같다.

자신의 경험과 강점, 신념이라는 원과 상대 기업(학교)의 철학과 추구하는 바에 대한 원을 명확히 그려라. 두 원이 겹치는 공통분모를 향하는 원 빅 메시지를 전달하기 바란다.

상대방의 머리와 마음을 움직이려면 정보를 전략적으로 세세하게 활용해야 한다. 특히 모든 정보가 점이 아닌 선으로 연결돼 짜임새 있게 흘러야만 한다. 그것을 가능하게 만드는 것이 바로 브레이크스루 메소드에서 제시하는 9단계 구조다. 자신이 전달하고자 하는 바를 9단계로 구성해 세계 최고의 연설가들처럼 듣는 사람의 마음과 머리를 움직여 보자.

제3장

탄탄한 구조의 원 빅 메시지 만들기

무엇을
전달할 것인가

원 빅 메시지를 만드는 9단계 구조

2단계에서는 프레젠테이션, 보고, 미팅, 협상 등 비즈니스 상황에서 무엇을 전할지를 결정하는 방법에 대해 살펴보도록 하자. 인기 영화나 소설이 관객과 독자를 매료시키고 마지막까지 흥미를 끌 수 있는 이유는 무엇일까? 바로 그들의 마음을 움직일 만큼 심혈을 기울인 구성 덕분이다. 비즈니스 말하기 역시 듣는 사람의 머리와 마음에 반드시 꽂히게 만드는 황금 비율의 구성이 있다. 그 황금 비율의 구성만 익히면 당신도 비즈니스 말하기의 달인이 될 수 있다.

일반적인 말하기는 도입, 본론, 마무리로 구성된다. 하지만 상대방의 마음과 머리를 움직이는 말하기로 눈앞의 난관을 헤쳐 나가려면 이 구성만으로는 부족하다. 스티브 잡스나 오바마 전 미국 대통령 같은 세계적인 연설가들은 사실 3단계가 아니라 더 세밀하게 연설문이나 프레젠테이션을 구성했다.

또 상대방의 머리와 마음을 움직이려면 정보를 전략적으로 세세하게 활용해야 한다. 특히 모든 정보가 점이 아닌 선으로 연결돼 짜임새 있게 흘러야만 한다. 그것을 가능하게 만드는 것이 바로 브레이크스루 메소드에서 제시하는 9단계 구조다. 자신이 전달하고자 하는 바를 9단계로 구성해 세계 최고의 연설가들처럼 듣는 사람의 마음과 머리를 움직여 보자. 9단계 구조를 알차게 만드는 세 가지 요소가 있다.

① 모든 것은 원 빅 메시지를 향한다
② 메인 포인트별로 '연결' 단계가 포함돼 있다
③ 도입과 마무리가 각각 3분할 돼 있다

각각의 요소를 자세히 살펴보도록 하자. 9단계 구조는 '모든 것은 원 빅 메시지를 향한다'는 원칙에서 말하는 것처럼 도입부터 마무리까지 원 빅 메시지를 전달하기 위해 존재한다. 우선 도입에서 듣는 사람의 흥미를 유발하고, 본론에서는 메인 포인트를 이어간다.

메인 포인트란 원 빅 메시지를 지탱하는 근거를 말한다. 가령 당신의 원 빅 메시지가 "매일 스쾃만 해도 몸이 달라진다."(한 문장)라고 해 보자. 이를 지지하는 근거로서 다음의 메인 포인트를 생각해 볼 수 있다.

허벅지 근육을 단련하면 기초대사가 향상된다.
척추기립근을 단련하면 자세가 좋아진다.
엉덩이의 대전근을 단련하면 엉덩이에 탄력이 생긴다.

자연스럽게 '매일 스쾃만 해도 몸이 달라진다'는 메시지로 연결되는 셈이다. 이처럼 원 빅 메시지로 이끄는 메인 포인트가 세 가지 정도 있으면 가장 좋다. 그리고 본론에서 세 가지 메인 포인트를 언급한 후, 마무리로 이어지면 더없이 좋다. '9단계 구조'의 흐름을 세부적으로 설명하면 다음 표와 같다.

도입과 마무리에 있는 각각의 세 요소에 대해서는 뒤이어 설명하겠다. 여기서는 연결 단계를 중점적으로 다루도록 한다. 세 가지 메인 포인트를 말하기 전에 각각 연결 단계라는 과정이 선행된다. 연결 단계가 필요한 이유는 정보가 '점'으로 나열만

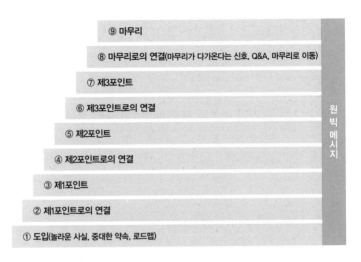

원 빅 메시지를 만드는 9단계 구조

되는 인상을 피하려는 데 있다. 포인트만 집어서 말하는 프레젠테이션은 자칫 각 포인트들이 연결되지 않는 인상을 주기 때문이다.

한 예로 "A사를 매수해야 한다."는 원 빅 메시지를 전달하려한다고 가정해 보자. 프레젠테이션을 하는 사람은 그 근거로 다음의 세 가지 포인트를 들고 있다.

포트폴리오가 보완 관계에 있어서 시너지 효과가 예상된다.

자사가 도달하지 못한 시장에 A사가 강하다.

기업문화가 비슷하다.

각각 다른 두 가지 버전의 프레젠테이션 도입 부분을 비교해
보자.

버전 1

도입: A사를 매수해야 하는 이유에 대해 설명하겠습니다.

제1포인트로의 연결: 없음

제1포인트: 우선 상품 포트폴리오가 보완 관계에 있어서 시너
지 효과를 예상할 수 있습니다.

버전 2

도입: 자사는 지금까지 시장을 확대해 왔는데 지금 한계에 도
달했습니다.(놀라운 사실) 하지만 한계를 뛰어넘을 방법이 하
나 있습니다. A사를 매수하는 것입니다.(중대한 약속) 오늘은

A사를 매수해야 이유를 크게 세 가지로 나눠 말씀드리겠습니다.(로드맵)

제1포인트로의 연결: 우리는 이제껏 고부가가치의 부품으로 부동의 시장 점유율을 확보했습니다. 하지만 최근 두드러진 성장세를 보이는 브릭스BRICs 국가들에서는 기본 부품의 수요가 높은데 이 시장을 끌어들이지 못하고 있었지요.

제1포인트: 브릭스 국가에서 기본 부품에 강한 A사를 매수하면 자사의 상품 포트폴리오를 보완할 수 있으므로 시너지가 창출됩니다. 그러면 그들의 상품 포트폴리오를 구체적으로 비교해 보겠습니다.

두 프레젠테이션의 차이를 느낄 수 있을 것이다. 〈버전 1〉에서도 분명히 옳은 메시지를 전달하고 있지만 이야기가 너무 밋밋하다. 만약 그대로 프레젠테이션을 이어 간다면 듣는 사람은 지겨워서 졸지도 모른다. 정보를 그대로 점으로 나열했기 때문이다. 일본의 전통요리인 가이세키 요리를 주문했는데 처음부터 끝까지 회만 담겨 나온 듯한 느낌과 비슷하다. 물론 각각의 회가 충분히 맛있다면 불만을 갖지 않는다. 하지만 재미가 없어서 중간쯤 되면 다들 "또 다른 회가 나오겠지 뭐." 하고 설렘을 잃고 만다.

이때 프레젠테이션에 연결 단계를 넣으면 점과 같았던 정보들이 선으로 이어지고 흥미를 끝까지 지속시킬 수 있다. 가이세키 요리에 비유해 보면 이해하기 쉽다.

① 식전 요리(도입)

② 담백한 찜 요리(국물 맛으로 요리사의 실력을 알 수 있어 기대감을 높인다―제1포인트로의 연결)

③ 식초로 조리한 회(제1포인트)

④ 안주 요리(다음 요리가 나올 때까지 안주 삼아 술을 마시라는 의미로 기대감을 지속시킨다―제2포인트로의 연결)

⑤ 생선 요리(제2포인트)

⑥ 채소 요리(제철 채소로 소화를 돕고 메인 요리를 먹을 준비를 한다―제3포인트로의 연결)

⑦ 육류 요리(제3포인트)

⑧ 밥이 나오며 마무리로 연결

⑨ 음료와 디저트로 식사 마무리

이렇게 식사 중간중간에 연결고리가 들어가니 흥미와 기대감이 지속된다. 〈버전 2〉는 그러한 연결고리 역할을 하는 연결 단계를 적용했다.

도입에서 상대방의 관심을 끈 후 메인 포인트로 넘어가기 전에 그 배경을 연결 단계에서 설명하는 것이다. 그러면 상대방은 '이런 배경이 있어서 자사의 상품 포트폴리오와 보완 관계가 있다는 것이군' 하고 자연스레 흐름을 따라갈 수 있다.

단 여기서 한 가지 유의할 점이 있다. 어떤 연결 단계를 넣을지는 듣는 사람 관점에서 생각해야 한다는 점이다. 상대방이 당신의 원 빅 메시지에 회의적이라면 장애물을 제거하는 과정을 통해 상대의 마음을 열어야 한다. 만약 현상 유지를 원하는 상대방이라면 위기감을 부추기는 연결 단계를 통해 행동으로 옮기려는 의욕을 고취시켜야 한다. 여기서도 앞서 말한 듣는 사람의 관점이 중요하다.

프레젠테이션 원고 하나를 만드는 데 이렇게까지 여러 가지를 고려해야 하나 싶을 것이다. 안타깝게도 사실이 그렇다. 말하기에 능한 많은 사람이 이렇게 세부적인 것들까지 생각하고 준비하기에 사람들이 쉽게 이해할 수 있는 것이다.

하지만 걱정하지 말라. 브레이크스루 메소드에서는 3단계로 이뤄진 'GPS시트'를 사용해 구성의 뼈대를 쉽게 만들 수 있다. 시트만 따라가면 누구든 원 빅 메시지를 수월하게 만들 수 있다.

이제 효과적으로 메시지를 전달하는 9단계가 있다는 것을 알았으니 첫 단계인 도입에 대해 알아보자.

1단계 ▶ 왜 전달하는가?

듣는 이는 누구인가? 무엇을 생각하고 추구하는가?	❶
듣는 이는 무엇을 얻을 수 있는가?	❷
왜 당신이 이야기하는가?	❸
이야기의 목적은 무엇인가?	❹

❶ 듣는 이가 관심을 갖는 주제를 찾는다

❷ 듣는 이가 자기 일이라고 여길 만한 매력적인 미래 예상도를 보여 준다

❸ 자신만 할 수 있는 이야기나 알고 있는 지식을 자신다운 화법으로 말한다

❹ 설득, 행동, 계몽, 통지, 사고(PAINT) 중에서 목적을 분명히 밝힌다

2단계 ▶ 무엇을 전달하는가?

당신이 전달하고자 하는 단 하나의 메시지는 무엇인가? (원 빅 메시지)	❺

↑⇓

그 메시지를 뒷받침할 근거는 무엇인가? (메인 포인트) ❻	①
	②
	③

So What? ➡ Why So? ⇢

❺ 논리적 사고로 듣는 사람에게 중요한 것만을 뽑아낸다

❻ So What?(그래서 하고 싶은 말이 뭔가?)과 Why So?(왜 그렇게 말할 수 있는가?)를 사용해 원 빅 메시지와 메인 포인트의 정합성을 검증한다

3단계 ▶ 어떻게 전달하는가?

분	도입	놀라운 사실	**❼**
		중대한 약속	**❽**
		로드맵	**❾**
	제1포인트로의 연결		
분	제1포인트		**❿**
	제2포인트로의 연결		
분	제2포인트		**⓫**
	제3포인트로의 연결		
분	제3포인트		**⓬**
	마무리로의 연결 **⓭**	마무리가 다가온다는 신호	
		Q&A	
		마무리로 이동	
분	마무리		**⓮**

❼ 첫 7~30초 동안에 상대방을 사로잡는다

❽ 듣는 이에게 어떤 좋은 일이 있을지 명확히 제시한다

❾ 이야기가 진행돼 가는 흐름과 순서에 대해 제시한다

❿ 제1포인트를 구체적으로 보여 주는 이야기

⓫ 제2포인트를 구체적으로 보여 주는 이야기

⓬ 제3포인트를 구체적으로 보여 주는 이야기

⓭ 전체를 정리하는 마무리를 위한 준비

⓮ 원 빅 메시지가 오래 기억에 남을 수 있도록 듣는 이를 움직이는 마무리

인상적인 도입부를 만드는 황금 비율

도입은 듣는 사람을 사로잡아야 하는 부분이다. 여기서 말하기의 성패가 갈린다고 해도 과언이 아니다. 도입에는 다음의 세 가지 요소를 넣자.

① 놀라운 사실
② 중대한 약속
③ 로드맵

'놀라운 사실'은 '쾅' 또는 '짠' 같은 효과음을 의미한다. 강한 인상을 남기는 시작 정도로 생각하면 될 것이다. 연기자가 무대에 등장할 때는 첫 한마디로 관객을 사로잡는 것이 중요하다. 마찬가지로 비즈니스 상황에서도 듣는 사람의 마음을 단번에 사로잡는 말이 핵심이다.

다음으로 '중대한 약속'은 상대방에게 건네는 약속을 의미한다. 도입 시점에서 이 이야기를 들으면 상대방에게 어떤 좋은 점이 있는지를 명확히 보여 주기 위한 것이다. 여기서도 듣는 사람 관점이 중요하다. 자신의 원 빅 메시지를 통해 상대방에게 어떤 좋은 일이 일어나는지를 약속해 주는 것이다. 예를 들면 다음과 같다.

이 프레젠테이션을 듣고 나면 여러분은 당장 내일부터 쓸 수 있는 말하기의 비결 세 가지를 알게 됩니다.

프레젠테이션이 끝날 때 내일부터 사용할 수 있는 세 가지 비결을 습득할 수 있다는 약속을 하면 듣는 사람은 관심을 갖고 자연스럽게 다음 이야기를 기다린다. 누구나 이득을 약속받으면 흥미가 커지는 법이다. 만약 자신의 관점에서 이야기한다면 "오늘은 말하기의 비결 세 가지를 말씀드리겠습니다." 정도로 마치게 될 것이다. 그러면 듣는 사람의 입장에서는 몰입도가 떨어지게 된다. 중대한 약속은 어디까지나 듣는 사람의 관점에서 도움이 되는 약속을 해야 한다.

가령 원 빅 메시지를 "브레이크스루 메소드를 수강해야 한다."(한 문장)로 잡았다고 생각해 보자. "학교에서 배우면 1년이 걸리는 내용을 최단 기간인 3개월 만에 습득할 수 있습니다!"라고 약속하면 효과가 높을 것이다.

하지만 똑같은 메시지를 시간이 남아도는 은퇴한 직장인에게 말해 봐야 큰 가치를 느끼지 못할 것이다. 그보다는 "제2의 커리어를 불러 오는 스토리텔링 능력을 습득할 수 있습니다."라고 하는 편이 훨씬 가치 있는 약속으로 느껴진다. 즉 중대한 약속은 어디까지나 듣는 사람의 관점에서 상대방에게 무엇이 최대의 이익인지를 생각해 약속하는 것이 중요하다.

마지막으로 '로드맵'은 이야기가 진행되는 줄기 또는 순차적 경로라고 할 수 있다. 듣는 사람에게 하는 약속을 어떤 순서로 설명할 것인지를 뜻하는 말하기의 의제 같은 것이라고 보면 된다. 가령 이런 예를 생각해 볼 수 있다.

지금부터 브레이크스루 메소드의 세 가지 특징에 대해 말씀 드리겠습니다.

뛰어난 구성을 만드는 세 가지 단계인 왜Why, 무엇을What, 어떻게How에 대해 말씀드리겠습니다.

커뮤니케이션 능력을 높이기 위한 세 가지 A에 대해 말해 보겠습니다.

이처럼 어떤 메인 포인트를 몇 가지 이야기할 것이라고 밝히고 대략적인 줄기를 보여 주면 지금부터의 이야기가 어디를 향하는지를 아는 여행, 즉 갈 곳(중대한 약속)과 가는 방법(로드맵)이 보이는 여행이 된다.

중대한 약속과 로드맵을 도입 단계에서 명확히 제시하자. 이를 상대방에게 보여 주면 발표 내용에 대해 기대감을 가지며 머릿속을 정리하기도 수월해진다.

지금 걷고 있는 길이 어디로 향하는지, 어떤 경로를 거쳐 도착하는지 등을 알려 주는 도로 표지판이 운전자를 안심시키듯이 비즈니스 말하기에서도 로드맵을 제시하면 듣는 사람들 역시 쉽게 이야기에 도달하게 된다.

그렇다면 앞서 〈버전 2〉에서 소개했던 도입의 예를 다시 한번 살펴보자. 여기에는 '놀라운 사실', '중대한 약속', '로드맵'이 제대로 포함돼 있다.

자사는 지금까지 시장을 확대해 왔는데 지금 한계에 도달했습니다. 하지만 한계를 뛰어넘을 방책이 하나 있습니다. A사를 매수하는 것입니다. 오늘은 왜 A사를 매수해야 하는지 큰 이유를 세 가지 말씀드리겠습니다.

프레젠테이션 도입부에 위기감을 조성해 듣는 사람의 관심을 확 사로잡은 다음 'A사 매수'라는 타개책을 약속해 보이면서 그 이유를 세 가지 말하겠다고 제시한 것이다. 듣는 사람으로서는 자연스럽게 앞으로의 이야기에 관심을 기울이게 된다.

말하기에 능숙한 리더들의 이야기를 분석해 보면 '놀라운 사실', '중대한 약속', '로드맵'을 잘 활용하고 있다는 것을 알 수 있다. 여러분도 이 요소들을 말하기에 꼭 적용해 보기 바란다.

확산적 사고로 아이디어를 넓혀라

프레젠테이션이든 협상이나 제안이든 보고든 가장 중요한 것은 원 빅 메시지를 전달하는 일이다. 그렇다면 과연 어떻게 메시지를 결정하면 될까? 그 비결만 획득한다면 누구든지 잘해낼 수 있다.

처음부터 원 빅 메시지가 분명할 때도 있다. 예를 들어 광고나 영업 분야 같은 경우에 "이 방법을 활용하면 석 달 만에 영어로 말할 수 있습니다."(한 문장)처럼 처음부터 메시지가 정해져 있기도 하다. 반면 아이디어 단계에서는 메시지가 막연한 경우도 적지 않다.

가령 'A사를 매수하는 건 어떨까?'와 같은 아이디어를 생각해 낸 단계에서는 과연 그것이 최선일지 불확실한 상황이다. 'A사 매수는 하이 리스크 하이 리턴이 될 거야', '반면에 B사라면 리턴은 적지만 리스크도 피할 수 있겠지', '그렇다면 두 아이디어를 모두 담아야 하는 걸까?' 등 막연한 걱정이 많을지도 모른다.

이때 가장 먼저 해야 할 일이 여러 가지 아이디어를 내는 일이다. 내 경우에는 우선 모든 아이디어를 포스트잇에 적은 후 벽이나 화이트보드에 붙인다. 이 시점에는 불가능한 아이디어를 거르려 하지 않아도 된다. 판단은 일단 유보하고 우선 가능성이 있는 수많은 아이디어를 자유로이 적은 후에 나열해 보자.

이 작업을 하면서 시간을 충분히 써도 괜찮다. 오늘 떠오르지 않던 생각이 내일 문득 떠오르기도 할 것이다. 또 자신뿐만 아니라 타인의 의견도 반영하도록 하자. 무엇보다 이 단계에서는 제대로 정리하려고 하지 말고 틀에 박히지 않은 자유로운 상태에서 일단 새로운 아이디어를 찾아야 한다. 가능성의 틀을 넓혀 가면 예상하지 못한 성과가 생기는 법이니 판단은 뒤로 미루고 여러 각도에서 생각해 보자.

또 가장 먼저 떠오른 아이디어가 최선이라는 법은 없다. 주제에 따라 가능성이 있는 아이디어가 모두 나올 때까지 끈질기게 생각하는 것이 비결이다. 아이디어 창출의 프로세스를 서너 번

반복하다 보면 정말로 좋은 아이디어가 떠오른다.

나는 스피치 대회에 나갈 때면 약 한 달에 걸쳐서 이 작업을 실행한다. 생각할 수 있는 아이디어를 무조건 적은 후에 더 이상 새로운 것이 나올 수 없을 때까지 생각한다. 이런 사고법을 논리적 사고의 용어로는 확산적 사고라고 한다. 이 확산적 사고를 통해 떠오르는 모든 방향으로 발상해 독창적인 아이디어를 만들어 낼 수 있다.

수렴적 사고로 메시지를 좁혀라

다음으로 아이디어를 적어 낸 포스트잇을 같은 카테고리별로 정리하는 작업이 필요하다. 비슷한 것끼리 모으는 것이니 전략 컨설팅에서는 친화도법Affinity diagram이라고 부른다.

포스트잇을 활용하면 일단 떼어 낸 후에도 다시 붙일 수 있어서 편리하다. 가령 상품에 관한 것, 생산 과정에 관한 것, 시장에 관한 것 등의 아이디어를 가득 써 놓은 포스트잇을 그룹별로 모을 수 있다. 이렇게 정리하는 과정을 수렴적 사고라고한다. 확산적 사고를 통해 찾아낸 아이디어는 수렴적 사고를 통해 비슷한 것끼리 모으고 다시 그룹으로 분류한 후 각 그룹에는 제목을 단다. 각 그룹의 제목은 간결한 말로 표현할 수 있는 단계까지 응집시키자.

상품 포트폴리오가 보완 관계에 있다.

A사는 자사가 도달하지 못한 시장에 강하다.

기업문화가 비슷하다.

이런 식으로 제목을 문장으로 만들어 본다. 이것이 근거가 되는 메인 포인트로 이어진다. 그룹으로 분류되지 못한 기타의 아이디어는 나중의 과정에서 중요성을 깨달아 재활용할 수도 있으니 우선 옆에 놓아두도록 하자. 이것을 전략 컨설팅에서는 '파킹'Parking이라고 부른다.

수렴적 사고를 통해 그룹으로 분류하고 나서는 각각의 그룹에서 꺼낸 메시지를 종합하면 어떤 이야기가 되는지를 생각해 원 빅 메시지로 정리해 보자.

이제 드디어 원 빅 메시지를 문장으로 만드는 작업 단계에 이르렀다. 인상 깊은 원 빅 메시지를 만드는 데는 두 가지 비결이 있다.

첫 번째 비결은 순간적으로 떠오른 첫 번째 안으로 결정해 버리지 않는 것이다. 듣는 사람의 관점을 잊지 말고 모든 메인 포인트와 연결되는 원 빅 메시지를 다양한 각도에서 표현하고 검증을 되풀이한 후에 납득할 수 있는 원 빅 메시지에 도달해야 한다. 전문 카피라이터는 확실한 카피에 도달할 때까지 수백 번도 더 적어 본다고 한다. 원 빅 메시지를 만드는 작업도 다르지 않다. 청중의 마음에 닿는 원 빅 메시지의 질과 사고의 양은 비례한다고 봐도 무방하다.

두 번째 비결은 간단하면서도 이해하기 쉬운 단어를 사용하는 것이다. 광고나 영업 문구에 등장하는 멋진 캐치프레이즈에는 전문 용어 같은 어려운 단어는 일절 쓰이지 않는다. 말하기, 특히 비즈니스와 관련된 상황에서도 캐치프레이즈처럼 창조적인 단어는 필요하지 않다. 프레젠테이션 전체를 통해 전달하고자 하는 메시지를 한 문장으로 줄이는 진짜 목적은 누가 들어도 오해하지 않고 알기 쉽게 전달하는 데 있다. 그러려면 해석이 필요한 표현이나 어려운 단어는 배제하려고 애써야 한다.

이러한 과정을 거쳐 한 문장으로 요약하면 비로소 듣는 사람이 반드시 기억하길 바라는 원 빅 메시지가 결정된다. 가령 "자사의 중장기 계획 실현에 A사 매수가 필요하다."(한 문장)라는 식으로 원 빅 메시지가 명확해진다.

여기서 프레젠테이션을 하는 사람이 가져야 할 중요한 마음가짐을 하나 짚어 보고자 한다. '무엇을 담을 것인가'만큼 '무엇을 버릴 것인가'도 중요하다. 듣는 사람 입장에서 프레젠테이션이 조금 더 길면 좋겠다고 바라는 경우는 거의 없다.

그들은 발표자가 더 많은 내용을 담아 주기를 바라지 않는다. 오로지 더 간결하고 명확하게 만들어 주길 원한다. 따라서 정보를 전달하는 일과 정보를 걸러 내는 일의 균형을 잘 잡는 것이 중요하다.

자신이 말하려는 내용을 걸러 내지 않은 상태라면 가장 중요한 핵심을 상대방에게 제대로 전달할 수 없으니 듣는 사람들의 반응도 좋을 리가 없다. 스스로 마음에 든 아이디어라 할지라도 미련 없이 덜어 내라. 그것이 비즈니스 말하기의 질을 높이는 비결이다.

원 빅 메시지와 연결되지 않는 정보를 과감히 덜어 내었을 때 비로소 듣는 사람들로부터 이해가 정말 잘 된다는 말을 듣게 될 것이다. 원 빅 메시지를 만들기까지의 과정을 한 번 더 정리해 보자.

① 원 빅 메시지에 가까운 '큰 주제'를 써 붙인다

② 그 주제와 관련될 만한 아이디어를 포스트잇에 한 장씩 써서 벽과

화이트보드에 붙인다

③ 중복된 것은 버리고 새로운 아이디어가 떠오르면 더해 간다(여기까지가 확산적 사고)

④ 아이디어가 다 나왔다면 비슷한 것끼리 그룹으로 묶는다. 어느 그룹에도 속하지 않는 것은 '기타'로 묶어도 된다

⑤ 그룹별로 내용을 종합해 한마디로 정리한 제목을 단다

⑥ 듣는 사람 관점에서 그들에게 중요한 것만 남기고 그 외의 그룹은 버린다(여기까지가 수렴적 사고)

⑦ 남은 각 그룹을 종합한 내용을 한 문장의 원 빅 메시지로 요약한다

3가지 근거로 메시지를 뒷받침하라

원 빅 메시지를 뒷받침하는 근거가 바로 메인 포인트다. 지금까지의 과정을 통해 어떻게 아이디어를 도출해 내고 그것을 요약해 메인 포인트로 만드는지 잘 이해했을 것이다. 이제 듣는 사람의 마음에 울림을 주려면 메인 포인트를 어떻게 다듬어야 할지 알아보도록 하자.

우선 메인 포인트는 세 가지일 때 효과적이다. 왜 '3'일까? 인간이 보통 3이라는 숫자를 쉽게 기억하는 '3의 매직' 때문이다. 또 숫자 3이 들어간 것에 익숙하다. 〈아기 돼지 삼 형제〉 같은 동화들도 비슷한 이유다. 만약 아기 돼지 두 형제라면 무언가 부족한 듯하고 다섯 마리나 여섯 마리는 또 너무 많게 느껴진다. 그만큼 3이라는 숫자는 인류의 무의식에 새겨진 수다.

프레젠테이션에서도 그냥 "A사를 매수하는 편이 좋은 이유를 설명하겠습니다."라고 말하지 말고 "A사를 매수하는 편이 좋은 이유를 세 가지 말씀드리겠습니다." 하고 말하면 듣는 사람들이 메모할 확률이 높아진다.

반대로 "A사를 매수하는 편이 좋은 열다섯 가지 이유를 들겠습니다."라고 말하면 어떨까? 말하는 사람의 관점에서는 아주 많은 가치를 제공한다고 여길지도 모르지만 듣는 사람의 관점에서 생각해 보면 '자료로 배포해 주는 것이 낫다고 생각하게 될 것이다. 그만큼 '3의 매직'은 강력하다.

'Why So?'로 논리를 확인하라

설득력이 떨어지는 이야기에서 나타나는 공통적인 결함은 논리적으로 연결되지 않는 이야기의 비약이다. 예를 들어 이런 제안 방법을 생각해 보자.

매출액, 이익률, 성장률이 가장 결정적입니다. 우선은 원가 비율을 분석해 봅시다.

그럴듯하게 들리지만 잘 들어 보면 원가 비율에 대한 이야기가 왜 결정적인지 의문이 들 것이다. 논리적으로 이어지지 않는 이야기를 들으면 듣는 사람은 이질감을 느끼게 되고 결국 이야기는 설득력을 잃는다. 이야기의 포인트를 찾았다면 반드시 이야기의 비약을 없애는 작업을 해야 한다. 여기서는 전략 컨설턴트가 사용하는 논리적 사고를 통해 논리의 비약을 없애는 과정을 살펴보자.

- So What?(그래서 하고 싶은 말이 뭔가?)
- Why so?(왜 그렇게 말할 수 있는가?)

위의 두 질문을 쌍방향으로 물어보며 확인하면 된다. 예를 통해 연습해 보자. "이 케이크는 최고로 특별하다!"(한 문장)가 원 빅 메시지라고 가정하고 이 메시지에 대해 '왜 그렇게 말할 수 있는가?' 하고 물어보자. 가령 '파티시에가 금상을 땄으니까', '하루에 20개 한정 상품이라서', '특상품의 딸기를 쓰니까' 등의 답을 생각할 수 있다. 즉 원 빅 메시지를 뒷받침하는 메인 포인트의 후보들이 따라 나온다. 이러한 답 하나하나 "이 케이크는 최고로 특별하다!"라는 원 빅 메시지가 타당성을 갖는지 확인하는 작업인 셈이다.

"이 케이크는 최고로 특별하다!"는 원 빅 메시지를 지지하기 위한 세 개의 다리가 메인 포인트라고 상상해 보면 위에서 아

So What?

즉 / 요컨대 / 따라서 /
그래서 하고 싶은 말이 뭔가?

Why so?

왜 그렇게 말할 수 있는가?
구체적으로 무슨 이야기인가?

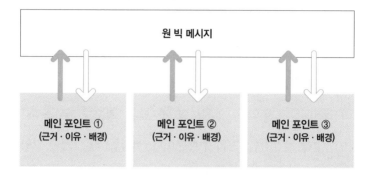

비약을 없애는 논리적 사고

래를 향해 확인하는 작업이 '왜 그렇게 말할 수 있는가?'라는 질문이다.

이 작업이 중요한 이유는 논리의 왜곡을 발견할 수 있기 때문이다. 앞의 예를 살펴보면 다음과 같이 앞뒤가 딱 들어맞는다.

이 케이크는 최고로 특별하다! 왜냐하면 파티시에가 금상을 땄으니까.

이 케이크는 최고로 특별하다! 왜냐하면 하루에 20개 한정 상품이라서.

이 케이크는 최고로 특별하다! 왜냐하면 특상품의 딸기를 쓰니까.

그런데 만약 "이 케이크는 최고로 특별하다!" 왜냐하면 "초코맛과 바닐라맛이 있으니까."라고 이야기한다면 어떨까? 뭔가 이상하다 싶지 않은가? 그 정도의 이유로는 "최고로 특별하다!"는 주장을 뒷받침할 수 없기 때문이다. 이렇듯 '왜 그렇게 말할 수 있는가?'를 확인하다 보면 정보가 논리적으로 정리된다.

'So What?'으로 메시지의 수준을 높여라

원 빅 메시지를 뒷받침하는 아래쪽에서 위를 바라보며 메시지의 내용을 확인하는 것이 '그래서 하고 싶은 말이 뭔가?'라는 물음이다. 앞에 등장한 "이 케이크는 최고로 특별하다!"를 예로 다시 한 번 살펴보자. '하루에 20개만 만드는 한정 상품'이라는 사실에 대해 '그래서 하고 싶은 말이 뭔가?' 하고 질문해 본다. 그러면 '그래서 이 케이크는 최고로 특별하다'라는 답이 도출된다.

파티시에가 금상을 땄으니까 그래서 이 케이크는 최고로 특별하다!

최상급의 머스크 메론을 썼으니까 그래서 이 케이크는 최고로 특별하다!

특별한 명품 달걀을 사용했으니까 그래서 이 케이크는 최고로 특별하다!

이런 이유라면 각 논리가 잘 들어맞는다. 반면 '이 케이크는 아이들이 먹기 편한 모양으로 만들어졌다'는 특징이 있다고 해보자. '그래서 하고 싶은 말이 뭔가?'라는 질문을 해 보면 원 빅 메시지로 이어지지 않는다. '아이들이 먹기 편한 모양'이라서 '최고로 특별하다'는 것은 직접적으로 연결되지 않는다.

만약 '아이들이 먹기 편한 모양'이 상품 개발의 메인 포인트라는 사실을 알았다면 원 빅 메시지를 '아이들을 배려한 케이크'라는 식으로 변경하는 편이 좋을 때도 있다. 이렇게 '그래서 하고 싶은 말이 뭔가?'라는 질문을 던지며 확인하는 작업은 정보의 수준이나 종류를 정리하는 데 도움이 된다.

원 빅 메시지와 그것을 뒷받침하는 세 개의 메인 포인트는 반드시 '그래서 하고 싶은 말이 뭔가?'와 '왜 그렇게 말할 수 있는가?'를 사용해 쌍방향으로 하나씩 확인하자. 그렇게 하면 논리적이고 설득력이 있는 프레젠테이션이 완성될 것이다.

상대에 따라 '꽂히는' 포인트가 다르다

메시지를 전달하는 9단계 구조는 만국 공통이다. 어떤 언어를 쓰든, 어느 나라에 살든 9단계 구조는 상대방의 머리와 마음을 움직여야 하는 비즈니스 상황에서 사용할 수 있다. 그리고 당신이 전달하고자 하는 원 빅 메시지도 상대방이 누구든 간에 달라지지 않을 것이다.

그렇다면 달라지는 부분은 무엇일까? 바로 원 빅 메시지를 보조하기 위한 포인트, 사례, 스토리가 달라진다. 같은 사실이나 메시지를 전달하더라도 상대방의 배경이나 관심사에 따라 울림의 포인트가 다르기 때문이다.

따라서 상대방에게 울림을 주는 내용을 메인 포인트로 삼는 것이 중요하다. 거듭 반복하지만 듣는 사람의 관점은 구성을 생각하는 모든 과정에서 꼭 필요하다. 예를 들어 원 빅 메시지가 "자사의 중장기 목표달성에 A사 매수가 필요하다."(한 문장)라고 해 보자. 듣는 사람을 설득하기 위해 어떤 근거를 드는 것이 좋을까?

만약 듣는 사람이 경영진이나 임원진이라면 A사가 얼마나 자사의 전략적 방향성에 도움이 되는지에 대한 포인트가 울림의 근거가 될지도 모른다. 이때 A사를 매수해야 하는 포인트는 '수익성 향상', '이익률 향상', '투자액 조기 회수' 등을 들 수 있다.

반면 듣는 사람이 생산 관련 부문의 인력들이라면 어떨까? 자사에 부족한 A사의 생산 기술이나 노하우, 규모의 경영을 통한 생산 원가의 절감 등을 포인트로 삼으면 훨씬 쉽게 다가갈 수 있을 것이다.

또 듣는 사람이 마케팅 관련 부문의 인력이라면 그들을 움직이는 근거는 A사의 상품 포트폴리오가 얼마나 자사의 상품 포트폴리오를 보완하고 강화해 주는지일 것이다.

동일한 원 빅 메시지를 전달할 때에도 듣는 이가 누구인지에 따라 포인트는 달라진다. 그러므로 상대방이 어떤 관심사와 가치관을 가진 사람들인지, 무엇을 원하는지를 제대로 조사하고 분석한 후에 그들에게 가장 영향력 있는 근거가 무엇인지 선별해야 한다. 그래야만 상대방에게 울림을 줄 수 있다. 끝으로 비즈니스 말하기를 구성하는 방법을 한 번 더 정리해 보자.

① 원 빅 메시지의 근간이 되는 아이디어를 대략적으로 정한다

② 그 주제에 관련된 정보를 확산적 사고를 사용해 계속 도출한다

③ 수렴적 사고를 통해 메인 포인트로 연결되는 세 개의 그룹으로 나눈다

④ 메인 포인트를 통해 말할 수 있는 원 빅 메시지를 한 문장에 담는다

⑤ 마지막으로 '그래서 하고 싶은 말이 뭔가?', '왜 그렇게 말할 수 있는가?'의 질문을 사용해 각각의 메인 포인트가 원 빅 메시지와 정합성을 이루는지 검증한다

⑥ 9단계 구조에 따라 GPS시트를 작성한다

이제는 스토리텔링의 힘에 대해 알아보도록 하자.

아무리 정당하고 이치에 합당한 이야기라도 아무런 느낌이 없는 이야기를 전한다면 상대방의 마음이 떠나 버릴 것이다. 반면 전달하고자 하는 정보를 스토리에 담으면 상대방이 생생하고 입체적으로 메시지를 느낄 수 있다. 그만큼 상대방은 설렘을 느끼고 공감할 수 있으니 쉽게 기억하고 수긍하게 된다.

제4장

어떻게
사로잡을 것인가

인사치레 없이 이야기를 시작하라

우선 다음 두 스피치의 도입부를 비교해 보자. 먼저 소개할 것은 몇 년 전에 한 정보 통신 기업의 CEO가 진행한 프레젠테이션의 도입이다.

방금 소개받은 노부모토 테크놀로지의 노부모토입니다. 오늘 강연할 기회를 주셔서 대단히 영광스럽게 생각합니다. '데이터 사이언스가 이끄는 미래상'이 주제인데 30분 정도의 짧은 시간이 주어진 터라 여러분에게 참고가 될 만한 내용을 중심으로 앞으로 데이터 사이언스가 어떤 가치를 낳을 것인지에 대해 말씀드리고자 합니다.

다음은 경쟁사인 시스코의 전 CEO 존 챔버스John T. Chambers가 진행한 프레젠테이션의 도입이다.

25년 전 이 이벤트를 시작했을 때 이 자리에는 25명밖에 없었습니다. 25년 동안 우리는 함께 일하며 세계를 변화시키는 것을 배웠습니다. 하지만 여러분은 아직 아무것도 보지 못했습니다.(놀라운 사실)
우리가 함께 협력하면 네트워크의 힘으로 삶을, 그리고 모든 비즈니스를 지금의 5~10배 향상시킬 수 있습니다.(중대한 약속)
그러려면 비전이 중요합니다. 어떻게 그런 비전을 만들 수 있을까요? 테크놀로지는 가장 간단한 부분에 지나지 않습니다. 오늘 말씀드릴 것은 중요한 세 가지 '변혁', 즉 조직의 변혁, 프로세스의 변혁, 문화의 변혁입니다.(로드맵)

1분도 채 되지 않는 강연의 도입부만 비교해 봐도 느낌이 꽤 다르다. 현장에서 직접 들으면 그 차이는 훨씬 극명해진다. 그 차이는 바로 스토리텔링이라고 할 수 있다.

앞의 사례는 사교적 인사치레가 대부분이다. 게다가 듣는 사람의 입장에서 흥미를 유발하는 것이 아니라, '내가' 영광스럽게 생각한다는 말하는 사람의 입장만을 이야기하고 있다.

또 이미 듣고 있는 모두가 알고 있는 사실을 다시금 강조할 뿐만 아니라 사람들에게 '시간이 짧아서 별로 가치 있는 내용을 얻지 못할 것'이라는 인상을 주는 결정적인 실수를 저질렀다. 즉 다 아는 사실만 이야기하며 청중이 이점이나 흥미를 느낄 만한 도입을 제시하지 못한 셈이다. 한마디로 실패한 말하기다.

반면 시스코의 예는 '25년 전 이 이벤트를 시작했을 때'라고 하면서 이야기를 시작한다. '25년 동안 우리는 함께 일하며'라는 단서로 듣는 사람들이 일체감을 느끼게 하고 '하지만 여러분은 아직 아무것도 보지 못했다'면서 의외성을 내비쳐 흥미를 강렬하게 끌어낸다. 게다가 '5~10배로 바꿀 수 있다'는 말로 기대감을 높이고 있다. 또 듣는 사람들이 그 시점에서 느낄 '어떻게?'라는 질문의 답이 앞으로 이야기할 내용이라고 간결하게 말함으로써 듣는 사람의 머리와 마음을 경청 모드로 바꾸었다.

사교적 인사치레는 물론이고 불필요한 정보는 모두 덜어 내고서 이야기를 시작했기 때문에 시작부터 빨려 드는 말하기가 된 것이다.

누구나 경청하게 만드는 스토리텔링의 힘

프레젠테이션이나 스피치의 달인들은 '스토리'가 중요하다고 늘 입을 모아 말한다. 대중 연설의 대가이자 국제 프로 스피커 협회의 전당에 입성한 패트리샤 프립Patricia Fripp은 스토리가 가진 힘에 대해 이렇게 말했다.

사람은 영업 프레젠테이션에 거부감을 갖는다. 하지만 잘 짜인 좋은 스토리에는 누구도 거부감을 느끼지 않는다. 그리고 어설프고 장대한 스토리보다 섬세하고 잘 짜인 스토리가 훨씬 기억에 남는다.

1999년의 국제 스피치 콘테스트 우승자인 크레이그 밸런타인도 코칭을 할 때 꼭 고객에게 이렇게 묻는다고 한다.

우선은 스피치에 대해 잊어버리고 당신의 스토리를 들려주세요.

사람은 누구나 정보가 아닌 스토리에 끌리는 법이다. 그리고 특별한 스토리를 어설프게 이야기하는 것보다 지극히 단순한 스토리를 멋지게 이야기하는 편이 청중의 뇌리에 더 잘 남는다. 스토리텔링 기술은 테드 토크 같은 곳에서 스피치를 하는 사람에게나 필요한 것이라고 생각하는 사람도 있을지 모른다. 하지만 스토리의 힘은 사실 비즈니스 프레젠테이션에서 보다 극적인 효과를 발휘한다. 예를 들어 다음과 같은 상황에서 스토리가 활약한다.

- 자사의 상품이나 서비스를 어필해 고객을 설득하고 싶을 때
- 새로운 콘셉트를 이해시키고 싶을 때
- 사원 전체의 사기를 증진시키고 의식 개혁, 행동의 변화를 이끌고 싶을 때

• 자사의 비전과 목표를 투자가들에게 전달하고 싶을 때

이런 경우에 흔히 데이터나 숫자, 이론 등의 '사실', 논리나 배경, 과제, 해결방안 등의 '정보'를 메모처럼 나열하며 사례를 소개하기 쉽다. 하지만 이처럼 정보만으로 사람의 마음을 움직이기란 쉽지 않다.

아무리 정당하고 이치에 합당한 이야기라도 아무런 느낌이 없는 이야기를 전한다면 상대방의 마음이 떠나 버릴 것이다. 반면 전달하고자 하는 정보를 스토리에 담으면 상대방이 생생하고 입체적으로 메시지를 느낄 수 있다. 그만큼 상대방은 설렘을 느끼고 공감할 수 있으니 쉽게 기억하고 수긍하게 된다.

스토리는 듣는 사람의 흥미를 유발하고 정보 전달로 이어진다. 머리에서 시작해 마음을 이해시키고 복잡한 내용을 간단하게 설명할 수 있으며 교훈까지 이끌어 내는 힘을 가지고 있다. 프레젠테이션의 성공은 스토리의 완성도에 달렸다고 해도 과언이 아니다.

스토리에 두근거림과 긴장감을 섞어라

듣는 사람을 끌어당기는 스토리를 만드는 비결은 무엇일까? 간단히 말해 누구나 마음이 흔들리면 공감하기 쉽다. 누군가를 설득하려면 머리로 정보를 이해시키는 것(로고스)만으로는 부족하다. 마음이 흔들리고 움직이게(파토스) 만들어야 한다.

사례를 소개할 때에는 사실이 정보로 제공될 뿐이다. 반면 스토리는 인물이 등장해 대사를 읊고 갈등과 변화, 교훈 등을 보여 준다. 그러한 인간 드라마가 눈에 들어오면 누구나 '나도 그렇지! 우리 회사도 비슷한 경험이 있어' 하고 친근하게 느낀다.

과연 상대방의 마음을 흔드는 스토리를 어떻게 만들 것인가? 중요한 요소로 대비 효과(콘트라스트)를 들 수 있다. 사람은 두

근거림과 아슬아슬함을 느끼는 스토리에 가장 끌린다. 평화롭던 상황에 갑자기 위기가 찾아오고 문제가 해결될 듯하다가도 산 넘어 산의 고난이 반복되는 식의 이야기 말이다. 스토리에 대비되는 요소가 있으면 사람들은 안심하다가 두근거림을 느끼고 긴장감을 형성해 점점 빠져든다.

많은 사람이 좋아하는 영화를 떠올려 보자. 〈스타워즈〉, 〈반지의 제왕〉, 〈해리포터〉와 같은 영화들도 스토리에 두근거림과 아슬아슬함이 있어서 주인공과 함께 고난을 헤쳐 나가면서 손에 땀을 쥐기에 해피엔딩으로 끝났을 때 쾌감을 느끼는 것이 아닐까?

대부분의 상업 영화는 결말을 향해 이어진 두근거림과 아슬아슬함을 반복한다. 종종 영화에 대해 설명을 하면서 서스펜스에 빠진 드라마라는 표현을 언급한다. 서스펜스란 관객에게 불안과 긴장의 심리를 부여해 이야기의 결말을 알고자 하는 욕구를 부추기고 마음을 사로잡아 두는 기법을 말한다.

영화 〈타이타닉〉에서 타이타닉호가 빙산에 부딪혀 금세 침몰했다면 아무런 볼거리도 없었을 것이다. 그러면 관객의 흥미도 지속시킬 수 없다. 마치 고속 엘리베이터처럼 목적지까지 급상승 또는 급강하하는 스토리가 되고 만다. 이러한 고속 엘리베이터 방식은 듣는 사람을 마지막까지 사로잡아 두고 마음을 움직이려는 목적의 비즈니스 말하기에서는 피해야 한다.

반대로 타이타닉호가 빙산에 부딪힌 후에도 꽤 오랜 시간 동안 일부만 침수된 상태로 계속 이어지는 이야기였다면 그 또한 금세 질려 버린다. 무빙워크마냥 끝없이 평평한 이야기가 전개되기 때문이다. 이러한 무빙워크 방식도 비즈니스 말하기에서는 바람직하지 않다.

그렇다면 대비 효과를 만들어 내기 위해 어떻게 이야기를 상승시키는 것이 좋을까? 해답은 '쇼핑몰 에스컬레이터 방식'에 있다. 쇼핑몰의 에스컬레이터가 어떻게 올라가는지 생각해 보자. 보통 쇼핑몰은 에스컬레이터를 타고 2층으로 올라가면 그곳 매장을 한 바퀴 둘러본 후에 3층으로 올라가는 에스컬레이터를 만날 수 있도록 배치돼 있다. 대형 쇼핑몰의 에스컬레이터도 백화점의 에스컬레이터도 그렇게 배치된 곳들이 많다.

영화 〈타이타닉〉은 이러한 쇼핑몰 에스컬레이터 방식으로 진행된다.

배가 빙산에 부딪히자 먼저 보일러실이 침수된다.(상승)
하지만 위층은 전혀 알아차리지 못하고 우아한 분위기가 연

출된다.(안정)

시간이 지나자 2층도 침수되기 시작한다.(상승)

그런데도 선장은 낙관적이다.(안정)

기둥에 손이 묶인 주인공 잭의 방에도 물이 차오르기 시작한
다.(상승)

이런 식으로 이야기의 대비 효과가 계속해서 등장하므로 서

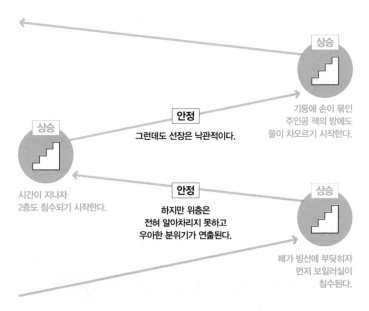

'쇼핑몰 에스컬레이터 방식'으로 진행되는 〈타이타닉〉의 스토리

서히 긴장감이 고조되면서 흥미가 지속된다. 이처럼 쇼핑몰 에스컬레이터 방식을 활용하면 듣는 사람의 흥분, 서스펜스를 올릴 수 있다. 그러면 사람들의 흥미가 오래 지속되고 최종적으로 문제가 해결됐을 때 듣는 사람의 마음도 안심으로 돌아서고 공감을 하게 되며 마치 자신이 이야기의 당사자가 된 듯 이야기를 듣게 된다.

인간은 이야기를 들을 때 파토스가 움직이면 마음과 귀가 열려서 더욱 적극적으로 들으려 한다. 또 마음의 문을 연 후 로고스적인 이유를 설명하면 쉽게 납득한다. 로고스와 파토스도 번갈아 가며 어필하면 역시나 대비 효과를 만들어 낼 수 있다.

사실 9단계 구조도 자연스레 대비 효과가 일어나도록 짜인 구성이다. 원 빅 메시지를 설명하는 메인 포인트마다 스토리를 활용하는 흐름을 살펴보면 다음과 같다.

- 메인포인트를 주장한다(로고스)
- 제1포인트를 뒷받침하는 근거를 스토리로 설득한다(파토스)
- 제1포인트가 얼마나 원 빅 메시지를 지지하는지 보여 준다(로고스)
- 제2포인트가 얼마나 원 빅 메시지를 지지하는지 보여 준다(로고스)
- 제2포인트를 뒷받침하는 근거를 스토리로 설득한다(파토스)

- 제3포인트가 뒷받침하는 근거를 스토리로 설득한다(파토스)
- 제3포인트를 얼마나 원 빅 메시지를 지지하는지 보여 준다(로고스)

실제로 대비 효과가 어떻게 스토리텔링에 활용되는지 183쪽에 소개된 실전 〈크라우드 펀딩을 위한 프레젠테이션〉을 참고하자.

프레젠테이션은 엔터테인먼트다

원래 프레젠테이션의 역할은 무엇일까? 오늘날에는 인터넷과 모바일 기술이 발전하면서 커뮤니케이션 수단이 다양해져 누구나 쉽게 정보를 전달할 수 있다. 그런데 왜 특정한 시간에 특정한 장소까지 굳이 찾아가서 다른 사람의 이야기를 들어야 하는 것일까?

　앞서 말했듯 제너럴 일렉트릭사에서는 사원들에게 당당히 이렇게 알려줬다고 한다.

　감정이 이성보다 앞선다.

즉 인간은 감정을 먼저 느끼고 그다음에 이성으로 판단하는 동물이다. 비즈니스에서는 자칫 논리나 사실 등을 전면에 내세우고 이성에 치우친 설득 방식을 취하기 쉽다. 하지만 머리와 마음을 모두 움직이지 않으면 프레젠테이션을 들어도 상대방이 완전하게 납득하지 못하는 느낌을 받는다. 프레젠테이션이란 곧 엔터테인먼트화된 정보를 선물하는 것이다.

엔터테인먼트라고 해서 노래를 부르거나 춤을 춰 보이는 것은 아니니 연예인이 될 필요는 없다. 상대방의 마음을 흔들고 매료시켜 그들과 연결되는 것. 그것이 바로 엔터테인먼트다. 가수는 노래로 엔터테인먼트를 제공하지만 프레젠테이션 발표자는 정보라는 엔터테인먼트를 제공한다.

대개의 비즈니스 프레젠테이션은 스토리가 결여돼 있어서 지루하다. 과연 어떻게 정보를 엔터테인먼트화할 것인가? 지금부터는 스토리 구성법을 배워 보자.

'상황 설정-위기-변화'의 스토리 구성법

스토리라고 하면 '옛날 옛날 어떤 곳에…'라는 식의 시작을 떠올리는 사람들도 있을 것이다. 지금 우리는 비즈니스 말하기를 공부하고 있으므로 스토리를 기업형 스토리라고 부르기로 하자. 비즈니스 석상에서 사례 소개는 빈번하게 등장하지만 기업형 스토리를 이야기하는 경우는 아직 드문 듯하다.

기업형 스토리도 기본은 같으니 우선 스토리의 기본이 되는 구성에 대해 살펴보자. 어떤 경우든 스토리는 3막 구성으로 이루어진다. 제1막에서는 먼저 주요 등장인물이 나오고 스토리의 상황이 설정된다. 제2막에서는 어떤 위기가 찾아온다. 주인공은 여러 고난이 들이닥치는 가운데서도 과감히 맞서며 위기 상황에 변화를 가져온다. 마지막 제3막에서는 변화의 결과로 맞이한 새로운 상황이 그려진다.

예를 들어 〈모모타로 전설〉을 떠올려 보자. 제1막에서 심성이 고운 노부부가 등장한다. 그들에겐 아이가 없었다. 그러던 어느 날 커다란 복숭아를 발견하게 되는데 그 속에서 건강한 아기가 튀어나온다. 주인공인 모모타로가 등장한 것이다. 모모타로는 무럭무럭 자라서 멋진 사내아이가 됐고, 평화롭고 행복한 상황이 계속 이어진다. 각 등장인물에 대한 설정도 제1막에서 그려진다. 제2막에서는 할아버지와 할머니 그리고 마을사람들이 귀신들의 난폭함으로 인해 어려움에 처하는 위기 상황이 발생한다. 모모타로는 개, 원숭이, 꿩을 데리고 귀신을 퇴치하러 떠난다. 강력한 귀신들에게 위협을 당할 위기에 처하다가도 결국 귀신을 하나씩 물리친다. 제3막에서는 마을에 다시 평화가 찾아오고 해피엔딩으로 끝난다.

대부분의 옛날이야기는 이렇게 3막 구성을 취하고 있다. 그리고 제2막에서 '문제, 갈등, 위기 상황'을 보여 줄 때 스토리가 스토리다워진다. 갈등 요소 없이 제1막과 제3막만 존재한다면 어떤 드라마도 생기지 않는다. 갈등 요소는 이야기 구조에 반드시 넣어야 하는 요소인데 여기서 어려움을 느끼는 사람들도 있다.

그런 극적인 갈등이 잘 떠오르지 않는다.

드라마에 나오는 것 같은 적수가 존재하지 않는다.

그런 드라마틱한 이야기는 못 지어낸다.

고객한테 갈등 요소 같은 걸 이야기할 수 없다.

인간은 누구나 실패담에 공감하는 법이다. 갈등 요소로 활용할 수 있는 좋은 사례들을 떠올릴 때 제1장에서 배운 브레이크스루 메소드의 '네 가지의 F'를 떠올려 보면 좋다.

① **실패**

② **불만**

③ **첫 경험**

④ **결점**

갈등 요소를 억지로 만들어 넣어 황당무계한 스토리를 지어내라는 말이 아니다. 실제로 겪은 어려움을 갈등 요소로 생각하면 충분하다.

어떤 비즈니스든 언제나 모두 원활하게 풀리는 법은 없다. 제아무리 훌륭한 상품을 개발하는 도중에라도 여러 어려움에 직

면한다. 그런 갈등 요소에서 벗어나 지금에 이르게 된 과정을 보여 주고 인간적인 면모를 보여 줄 때 듣는 사람의 마음을 사로잡을 수 있다. 갈등 요소가 고조될수록 대비 효과가 생기고 상대방의 마음은 더욱 매료되는 법이다. '네 가지 F'를 통해 갈등 요소를 잘 찾아내 보자.

자신이 어려운 상황을 어떻게 헤쳐 왔는지, 도전적인 상황을 앞에 두고 상대방을 어떻게 설득해 왔는지, 실패를 어떻게 극복했는지 등의 인간적인 드라마를 끌어내라는 말이다. 예를 들어 이런 스토리를 만들 수도 있다.

지금껏 자사의 제품은 시장 1위를 고수해 왔는데 경쟁사가 등장해 5위로 떨어지고 말았습니다. 그래서 여러 대책을 강구한 끝에 한 가지 안을 적용했습니다. 그럼에도 불구하고 4위 정도밖에 올라가지 못했습니다. 이에 새로운 상품 개발을 진행했지만 기술적인 면에서 어려움이 있었습니다. 개발 기간이 장기화되고 영업적인 면에서도 잘되겠냐며 의문스러워 하는 의견이 나오기 시작했습니다. 하지만 결국에는 신상품을 개발했고 보란 듯이 시장 1위의 자리를 되찾았습니다.

기업인이나 유명인의 성공 스토리를 소개하는 텔레비전 프로그램을 떠올려 보자. 형식적으로는 다큐멘터리지만 구성을 잘 살펴보면 사실만을 쫓는 것이 아니라 드라마적 구성을 넣어 만들었기 때문에 듣는 사람들은 그들의 이야기를 듣고 감명을 받는다. 이런 프로그램에도 역시 3막 구성 기법이 사용된다.

당신의 비즈니스에도 분명 그런 드라마가 가득할 것이다. 어떤 비즈니스든 고생과 도전과 드라마가 존재한다. 당신만이 이야기할 수 있는 당신만의 경험이 있을 테니 그것을 찾아내어 스토리로 만들어 보자.

프레젠테이션이든 영업이든 자신이 다큐멘터리 프로그램의 주인공이라고 생각하면 쉽다. 자신이 주인공인 프로그램에는 어떤 갈등 요소가 있고 당신은 어떤 결말에 이르게 될까? 모든 사람에게는 분명 자신만의 스토리가 있을 것이다. 그것을 찾아내 보도록 하자.

희망을 줄 것인가, 협박을 할 것인가?

스토리에는 상대방에게 꿈을 보여 주는 시나리오와 상대방의
위기감을 부추기는 시나리오가 있다.

이 발모제를 사용하면 머리숱이 적어 고민하던 분들도 몰라
볼 만큼 새로 머리카락이 납니다.
자사의 제2본사가 이 지역에 세워지는 그날에는 1만 명의 지
역 고용을 내다볼 수 있습니다.

상대방에게 좋은 미래가 기다리고 있다는 식의 희망형 시나
리오는 주로 광고나 프로모션 문구에 자주 사용된다. 반대로 마

음을 칼로 찌르는 듯한 말로 위협하며 듣는 이의 공포를 환기시키는 협박형 시나리오도 있다. 주로 위험한 미래가 기다리고 있다고 조장하는 방식이다.

하루에 최소한 5시간의 좋은 수면을 취하지 못하는 사람은 알츠하이머에 걸릴 가능성이 높아집니다.
여기서 투자처를 잘못 고르면 나중에 빈곤한 노년기를 보낼 가능성이 50퍼센트나 올라갑니다.

이렇게 위기감을 조장하면 사람들의 관심을 쉽게 끌 수 있다. 종종 주간지의 헤드라인에서도 '이대로 가면 국내 경제 붕괴' 등의 위기감을 부추기는 글을 마주하게 된다. 그런데 희망형 시나리오와 협박형 시나리오를 적절히 섞으면 대비 효과는 극대화된다. 실제로 대비 효과를 잘 사용한 사례로 존 챔버스의 연설을 다시 인용해 보겠다.

협력하면 네트워크의 힘으로 삶을, 그리고 모든 비즈니스를

5~10배 향상시킬 수 있습니다.(희망형 시나리오)

그러려면 비전이 중요합니다.

(중략)

현재 많은 회사가 실패하고 있습니다. 10년 후에 살아남는 회사는 지금의 40퍼센트밖에 되지 않습니다. 어째서 어떤 회사는 성공하는 반면 어떤 회사는 실패하는 것일까요? 실패한 회사는 변화하지 않았기 때문입니다.(협박형 시나리오) 대담한 변혁이 성공의 비결입니다. 변화에는 용기가 필요합니다. 하지만 변화를 통해 긍정적인 가속을 달성할 수 있습니다.(희망형 시나리오)

이렇게 사람들을 끌어당기는 말하기는 희망형 시나리오와 협박형 시나리오를 번갈아 제시한 후 본론으로 이동하는 기법을 사용하고 있다. 듣는 사람의 마음을 들었다가 놓으면서 뒤흔드는 기술을 잘 활용하는 사람에게만 세계 최고의 발표자라는 수식어가 아깝지 않을 것이다.

사례만 늘어놓아서 감화될 사람은 없다

비즈니스 프레젠테이션에서는 사례 소개가 자주 등장한다. 단순한 사례 소개를 스토리로, 나아가 기업형 스토리로 발전시키려면 어떻게 해야 할까?

기업형 스토리를 어떻게 만드는지 실제 사례를 살펴보자. 이 책의 처음에 소개한 식품기기 회사인 중소기업 M사의 사례를 다시 예로 들겠다. 이를 어떻게 기업형 스토리로 발전시킬 수 있는지 살펴보자.

M사의 사례 소개

배경: 대두 상품을 취급하는 중소기업 M사가 개발한 신상품과 유사한 상품이 등장했다. 유사 상품을 개발해 판매한 대기업 N사에 시장점유율을 계속 빼앗기는 상황에 놓였다.

과제: 대기업 N사의 브랜드 인지도나 폭넓은 판로에 밀리지 않고 M사가 자사 개발 상품의 매출을 확실히 늘리면서 시장점유율을 회복해야 한다.

해결책: M사의 독자적인 특허기술이 가진 특징을 각 고객들이 이해할 수 있도록 중소기업 나름의 풀뿌리 영업(직접 발로 뛰는 면대면 영업—옮긴이) 활동을 진행한다. 또한 특허 침해 소송을 제기해 법적 조치라는 측면에서도 N사와 싸운다.

결과: N사가 자발적으로 상품을 철수하고 M사는 시장점유율을 회복한다.

이 사례 소개를 듣고 나서 수긍하며 고개를 끄덕일지는 몰라도 마음까지 사로잡힌 사람은 별로 없을 것이다. 이 과정에서는 사실이 단순히 정보로만 전달되고 있을 뿐, 정보의 엔터테인먼트화를 실천하지 못했기 때문이다. 그렇다면 M사의 사례를 토대로 일반적인 스토리로 만들어 낸 버전을 살펴보자. 앞에 나온 〈모모타로 전설〉 방식을 사용했다.

M사의 스토리

제1막: M사는 젊은 아이디어맨인 사장의 지휘하에 신제품 개발에 능한 식품기기 회사로 시장에서도 늘 좋은 포지션을 유지해 왔습니다.

어느 날 지역 산업과 협력해 집에서도 단 10분이면 수제 두부를 간단히 만들 수 있는 기구와 국산 대두로 만든 두부 제조용 두유, 간수 세트를 개발했습니다.

시장의 반응은 상당했습니다. 지역 산업에 관련된 사람들도 지역 경제에 기여하고 있다며 높이 평가해 줬습니다.

제2막: 그런데 M사의 신제품 판매 상황을 지켜보던 대형 식품기업 N사가 눈 깜짝할 사이에 유사 상품을 개발해 판매하기 시작했습니다. 대기업인 N사는 브랜드 인지도 면에서도 M사와 비교 대상이 되지 못했습니다.

M사는 특허 침해로 소송을 제기함과 동시에 자사 상품만의 특징을 고객에게 꾸준히 호소하며 관계 강화를 꾀했고 고객 이탈을 피할 수 있었습니다.

제3막: 그 결과 N사는 제품을 철수하게 됐고 M사는 착실히 국내외 시장의 점유율을 늘려 갔습니다.

자, 이 스토리를 듣고 무엇을 느꼈는가? 그리고 무엇을 배웠는가? 이 스토리를 듣고서 어떤 행동을 할 마음이 들었는가? 위의 스토리는 사례 소개보다는 정보의 엔터테인먼트화에 집중해 훨씬 흥미를 갖고 들을 만한 모양새는 갖추었다. 하지만 그래도 "그런 일이 있었구나." 정도의 소감으로 끝나는 것은 다르지 않다.

보통의 스토리라면 "그런 일이 있었구나, 다행이네."라며 끝나도 충분하다. 하지만 비즈니스의 현장에서 이런 반응을 얻는다면 성공이라고 할 수 있을까? 그보다 한발 더 나아간 상황을 내다보고 상대방으로부터 어떤 행동을 끌어냈을 때 비로소 성공이라고 말할 수 있을 것이다.

스토리를 기업형 스토리로 거듭나게 하려면 세 가지 요소를 넣어야만 한다.

첫 번째는 명확한 목표다. 기업형 스토리를 짜기 전에 가장 먼저 생각해야 할 것은 '듣는 이로부터 무엇을 끌어내고 싶은가?'에 대한 답을 명확히 설정하는 일이다. 그래야만 목표를 달성하기 위해 어떤 스토리를 어떻게 전달해야 할지가 결정된다.

두 번째는 명확한 교훈이다. 스토리를 통해 듣는 사람이 얻을 수 있는 교훈이 무엇인지 찾아야 한다. 듣는 사람에게 아무런 득이 되지 않는 스토리는 금세 잊힌다. 상대방에게 도움이 될 교훈을 끌어내지 못한다면 목표도 달성할 수 없다.

세 번째는 명확한 다음 단계다. 목표를 설정하고 상대방에게 전달할 교훈을 끌어냈다면 목표에 따른 다음 단계로 확실하게 연결해 주어야 한다. 스토리를 접한 상대방이 무엇을 하면 좋을지를 생각하는 것이다. 뉴스레터 서비스에 등록하도록 유도해야 할까? 자사 제품과 관련한 핵심 인물을 소개해야 할까? 경쟁 제품에서 자사 제품으로 갈아타도록 권유해야 할까? 이와 같은 명확한 다음 단계가 제시됐을 때 비로소 상대방을 움직일 수 있다.

기업형 스토리를 전개하려면 주도면밀한 준비가 필요하다.

메모식의 사례 소개로는 상대방의 마음을 움직이기 어렵다는 것은 더 이상 강조할 필요가 없을 만큼 설명했다. 설령 시간이 더 걸리더라도 상대방의 마음을 사로잡고 움직일 수 있다면 그 시간을 아깝게 여기지 말라.

M사의 예를 이용해 스토리를 기업형 스토리로 발전시켜 보자. 이때 필요한 세 가지 요소는 다음과 같다.

- **명확한 목표** : 유사 상품에 대항하기 위한 비결을 공유하고 자사 컨설팅팀에 대한 신뢰를 높여 컨설팅 의뢰를 받는 것
- **명확한 교훈** : 특허를 사전에 취득해 둘 것과 자사의 차별성을 극대화한 활동을 진행해야 함을 강조한다
- **명확한 다음 단계** : 자사 컨설팅팀이 첫 미팅 약속을 잡는 것

이와 같은 세 가지 요소를 염두에 두면 기업형 스토리를 짤 수 있다. 다음의 기업형 스토리를 살펴보기 바란다.

여러분의 회사에는 내일 갑자기 커다란 위협이 닥친다면 바로 싸워서 승리할 수 있는 체제가 갖춰져 있습니까?(놀라운 사실)

유사 상품은 어느 날 갑자기 예고도 없이 등장합니다. 그리고 후발주자인 유사 상품은 대개 경쟁 상품을 연구한 것이기 때문에 여러분 회사의 기존 상품보다 뛰어난 경우도 많을 것입니다. 어쩌면 상대가 거대 기업이라면 여러분의 기업이 금세 쓰러질 듯한 상황에 빠질지도 모릅니다. 우리 회사는 2년 전에 그런 경험을 했습니다.(협박형 시나리오)

오늘은 여러분에게 우리가 얻은 두 가지 교훈을 전하고(로드맵) '당장 승리하는 전략 수립'(원 빅 메시지)에 도움을 드리고 싶습니다.(중대한 약속)

지금껏 우리 회사는 대두 제품을 중심으로 한 신상품을 한 달에 하나꼴로 계속 개발하며 상승세를 타고 있었습니다. 그러던 중 5년 전에 지역 산업의 기기 업체와 협력해서 제품을 개발했습니다. 10분 만에 수제 두부를 간단히 만들 수 있는

'10분 두부' 세트를 판매해 음식 서비스 업계 및 가정에서도 인기를 얻었습니다. 방송에서 취재 의뢰도 많이 들어왔습니다.(제1막)

언젠가 한 식품 전시회에 부스를 차리고 참여했을 때 대형 식품회사인 N사의 개발부장 P씨가 우리 부스를 방문했습니다. 그는 더블 버튼의 어두운 정장에 오렌지색 넥타이를 맨 멋쟁이 신사 같은 분이었지요.

"요즘 10분 두부가 아주 인기가 좋더군요. 훌륭합니다!"

"아닙니다. 별말씀을요. 저희는 중소기업이니 귀사처럼 쉽지는 않습니다."

"맛있군요. 어떤 재료를 사용했나요?"

"100퍼센트 국산 대두와 천연 간수를 썼습니다."

이런 대화를 나누고 반년 정도 지났을 때였습니다. 지금으로부터 2년 전쯤이죠. 평소처럼 거래처인 슈퍼를 돌아보는데 우리의 '10분 두부' 옆에 N사의 '수제 두부 세트: 100퍼센트 국산 대두와 천연 간수'라는 상품이 자리하고 있는 것을 발견하게 됐습니다.(제2막의 시작)

순간 그에게 당했다는 생각이 들었습니다. 그길로 저희 직원에게 확인을 해 보니 다른 슈퍼에도 같은 상품이 진열돼 있다고 했습니다.(쇼핑몰 에스컬레이터—상승)

N사는 식품업계의 대기업입니다. 소비자의 입장에서 본다면 이름 없는 우리 회사보다는 N사의 브랜드를 선택하는 것이 훨씬 안전하게 느낄 겁니다. 기업의 규모도 차원이 다르니 우리 회사에 비하면 원가 비율도 훨씬 좋아서 싼 가격에 제공할 수 있을 것이고요. 물론 영업력도 뛰어났습니다.

우리에게 승산은 없을지 생각해 봤습니다. 저는 두려움을 억누르며 회사의 컨설팅팀과 변호사를 긴급 소집해 대책을 짜기로 했습니다. 그리고 우리의 가장 큰 차별점이 무엇인지 다시 한번 확인해 봤습니다. 대두밭에서 대두를 직접 재배하는 것부터 시작해서 대두의 선별까지 일일이 사람의 손을 거쳐 공들인 최고의 재료를 사용하고 있는 것임을 명확히 밝히고 중소기업이기에 가능한 풀뿌리 영업, 즉 자사의 이념과 방침을 고객에게 직접 찾아가 알리는 활동을 한층 더 강화하는 방향으로 토의했습니다.(쇼핑몰 에스컬레이터—안정)

또 우리 회사의 제조법은 특허를 취득한 것이어서 여차할 때는 무기로도 쓸 수 있었습니다. 그로부터 한 달 후 업계 간담회에서 더블 버튼의 어두운 정장 차림을 한 사람을 발견했습니다. 저는 P씨에게 다가갔습니다.

"N사에서도 수제 두부 세트를 출시했더군요. 우리 상품이 조금 참고가 됐나요?"

이렇게 겸손하게 말을 건네니 P씨가 딴청을 피웠습니다.

"무슨 말입니까. 댁의 상품은 본 적도 만진 적도 없어요. 같은 아이디어를 가지고 있었다니 그것 참 영광이군요."

저는 부글부글 끓는 속을 진정시키기가 어려웠습니다.

"그날 제가 보는 앞에서 시식했지 않습니까!"라는 말이 목구멍까지 치밀었지만, 그 순간 특허를 무기로 쓸 타이밍이라는 확신이 들었습니다. 이대로는 정말 우리가 무너질지도 모르니까요.(쇼핑몰 에스컬레이터─상승)

중소기업이 대기업을 상대로 소송을 일으키기란 힘든 일입니다. 하지만 당장 변호사를 통해 소송을 제기했습니다. 풀뿌리 영업도 꾸준히 지속했습니다.(쇼핑몰 에스컬레이터─안정)

그로부터 몇 달 뒤에 변호사로부터 N사가 '수제 두부 세트'를 시장에서 철수하기로 했다는 연락을 받았습니다. (제3막)

이 사건을 통해 우리는 두 가지 교훈을 얻었습니다. 먼저 특허 취득은 회사를 지켜준다는 것이지요. 사업의 글로벌 확장을 고려하고 있다면 국제 특허가 필요할 것입니다. 하지만 특허 신청에는 특수한 지식과 경험이 필요합니다. 우리는 자사의 컨설팅 부문과 연계 중인 특허 전문 변호사가 있었기 때문에 일이 원활하게 진행된 것입니다.

두 번째 교훈은 자사만의 차별성을 극대화해야 한다는 것이었습니다. 특허를 땄다고 해서 거기서 안주하면 안 됩니다. 회사를 지킬 수 있을지는 몰라도 정말로 회사의 미래를 좌우하는 것은 고객의 신뢰니까요. 그것은 면대면 교류를 얼마나 활발히 하느냐에 달려 있습니다.

그러니 자사가 가진 차별화 요소를 방패 삼아 시스템과 사람, 이 두 가지 면에서 꾸준히 사업을 운영하는 것이 중요함을 느꼈습니다.

만약 내일 당장 여러분의 회사가 큰 위협을 맞닥뜨린다면 어떻게 하시겠습니까? 우리 회사의 경험이 '당장 승리하는 전략 수립'(원 빅 메시지)에 반드시 도움이 되리라 생각합니다. 내일 여러분의 일로 닥칠지 모릅니다. 지금 당장 행동을 취해야 합니다. 우리 회사의 컨설팅 팀에서는 언제든 컨설팅을 진행합니다. 오늘 꼭 첫 상담 약속을 잡아 보십시오.

이것이 바로 이야기의 도입 구성과 3막 구성, 쇼핑몰 에스컬레이터 방식 등을 모두 종합한 기업형 스토리의 사례다. 단순한 사례 소개에서 기업형 스토리로 바꾸니 듣는 사람의 흥미를 유발하고, 마치 자기 일처럼 느낄 수 있는 현장감도 생겼다. 듣는 사람이 공감하면 다음의 행동으로 이끌어 가기도 쉬워진다. 이야기의 힘이란 이토록 대단하다.

집중도를 결정하는 7초-30초 법칙

스토리의 힘에 대해서 어느 정도 실감했으리라 믿는다. 하지만 같은 스토리라도 사람들 앞에서 소개할 때는 도입과 마무리에 따라 인상이 완전히 달라진다. 첫인상이라는 말도 있지 않은가. 처음 눈에 들어오는 표정, 차림새 등이 인상을 크게 좌우할 수밖에 없다. 그리고 첫 7초 동안에 무엇을 말하느냐에 따라 인상이 결정된다. 의미 없는 인사치레는 부정적인 요소로 작용한다.

   많은 사람 앞에서 말하려고 들면 자기도 모르게 예의를 차려야 한다는 생각에 "이런 영광을 주셔서 진심으로 감사합니다."와 같은 장황한 인사를 하는 사람도 있다. 이것은 상대방을 지겹게 만드는 인사치레일 뿐이다. '예의 아닌 예의'Unpleasant pleasantry라는 것이 있는데, 이것은 반드시 피해야 한다.

또 사람들은 30초 안에 이야기가 재미있는지 아닌지를 판단한다고 한다. 단 30초 만에 말이다. 프레젠테이션이든 영업 미팅이든 보고든 대부분의 이야기는 30초라는 짧은 시간 내에 판단된다. 즉 30초 안에 상대방을 사로잡아야 한다는 뜻이다.

이것을 '7초-30초의 법칙'이라고 한다. 첫인상과 두 번째 인상이라고 말할 수 있다. 첫 7초는 첫인상의 승부점인데 첫인상이 좋지 않아도 두 번째 인상이 좋으면 상대방은 이야기에 빠져든다. 바꿔 말하면 인상을 강화할 수 있는 기회는 두 번밖에 없는 셈이다.

7초 만에 상대를 사로잡는 3가지 방법

단 7초 만에 상대방을 사로잡아야 하는 도입에서는 '이 사람의 이야기를 더 듣고 싶어!', '다음 이야기가 기대돼!'라는 마음을 갖게 만드는 데 집중해야 한다. 이를 위한 기본적인 네 가지 방법을 소개하겠다.

1. 스토리

가장 확실한 효과를 내는 방법은 갑자기 스토리로 시작하는 것이다. 세미나를 할 때 내가 자주 사용하는 방법이기도 하다. 물론 세미나 강사로서 신뢰감을 주기 위해 자기소개도 해야 하지만 가령 평범하게 "안녕하세요. 노부모토 나쓰요입니다. 먼저 저에 대한 배경지식을 알려드릴게요." 하고 이야기하면 듣는 사람은 '사장의 지시로 어쩔 수 없이 온 연수'라는 마음에서 벗어나기 힘들다. 그 대신 다음과 같은 느낌으로 이야기를 시작하면 어떨까?

2014년 3월의 일이었습니다. 한 선술집에서 저는 귀사의 미치오 사장님과 옆자리에 앉아 있었어요. 마침 대학의 연차총회가 성황리에 끝나서 마음을 터놓고 수다를 떨고 있었는데 미치오 사장님이 '그러고 보니 자네를 몇 년이나 알고 지냈는데 무슨 일을 하는지도 몰랐군요. 댄스를 즐기는 건 알고 있었지만' 하고 물어 왔습니다.

이렇게 스토리텔링을 통해 자신에 대한 정보를 간결하게 전달한다. 그리고 사장과 편하게 대화를 나누는 관계라는 사실을 스토리에 담아 은연중에 전하면 말하는 이에 대한 신뢰감도 자연스레 높일 수 있다. 그 후에는 왜 사장이 본인에게 연수를 부탁했는지에 대한 자신의 생각과 사장의 의도, 기업 목표 등을 스토리의 일부로 녹여 이야기한다.

많은 참가자가 분명 '일도 바쁜데 연수에 참가할 시간이 있으면 일이나 처리하겠어'라고 생각할 테지만 갑자기 '우리 사장과 선술집에서 옆자리에 앉은 사이'라는 스토리로 스피치가 시작되면 웬만해선 주목하게 된다. 스토리는 그렇게 사람을 끌어당기는 힘을 갖고 있다.

2. 질문

참가자들이 놀랄 만큼 강력한 질문으로 시작하는 방법이다. 사람들은 직접 질문을 받으니 자기도 모르게 자문해 보게 되고 자연스럽게 이야기에 빨려 들기 쉽다. 가령 신차 시승식을 상상했을 때 이런 질문은 어떨까?

지금 당신이 타는 차는 당신에게 어떤 존재인가요? 함께 설렘을 즐기는 가족 같은 존재인가요? 아니면 단순한 교통수단의 도구에 불과한가요?(놀라운 사실) 설렘을 공유하는 차. 그것이 ○○모터스의 대표주자인 □□차량입니다.(중대한 약속) 오늘은 여러분께 □□차량의 세 가지 설렘을 전달하고 실제로 그것을 체험해 볼 수 있는 자리를 마련했습니다.(로드맵)

3. 놀라운 사실

참가자에게 별로 알려지지 않은 사실이나 숫자를 들어 흥미를 끄는 방법이다. 가령 "세계에서 빵 소비량이 가장 많은 나라는 터키입니다."라는 식의 의외의 지식이 주제와 부합한다면 사람들의 관심을 끌 수 있다. 앞에서 예로 든 신차 시승식이라면 이렇게 말할 수도 있다.

자동차 딜러들에 따르면 시운전을 하러 온 고객의 약 80퍼센트는 시동을 걸기도 전에 그 차에 대한 만족감이 이미 결정돼 있다고 합니다. 무엇이 그렇게 만드는 걸까요? 바로 도어를 닫는 소리의 중후함이라고 해요. □□차는 오감을 만족시키는 차입니다.

4. 인용

격언이나 유명인사의 말 또는 시 등을 인용하는 방법이다. 앞선 사례와 마찬가지로 신차 시승식의 예를 들어 보자.

○○모터스의 창시자는 이렇게 말했습니다. 운전하는 법을 보면 그 차에 탄 사람의 성격을 알 수 있다고 말이죠.

이때 주의해야 할 것은 어떤 메시지를 인용하든 그것이 원 빅 메시지와 연결돼야 한다는 사실이다. 주목을 끄는 효과만 있고 내용과 무관한 이야기를 도입에 가져온다면 그리 큰 결과를 볼 수 없다.

인상에 남는 마무리를 하는 4가지 요령

마무리 단계에서는 상대방의 마음을 움직이는 데 집중해야 한다. 인상에 남는 마무리를 하는 비결은 도입과 연결시키는 것이다. 만약 도입을 스토리로 시작했다면 같은 스토리를 연결하여 마무리 짓는 식이다. 질문으로 시작했다면 같은 질문을 던져 도입과 마무리가 연계되도록 한다. 여기서는 기본적인 네 가지 마무리 방법을 소개하겠다.

1. 스토리

도입 단계에서 소개한 스토리를 되짚어 보도록 다시 사용하는 방법이다.

그 선술집에서 들은 미치오 사장님의 열정적인 비전은 여러분의 생각과 다르지 않습니다. 그것을 실현할 수 있는 것은 다름 아닌 여러분 자신이에요. 영업을 하는 당신입니다. 개발을 하는 당신, 마케팅을 하는 당신입니다.

2. 인용

도입과 마찬가지로 격언이나 유명인사의 말을 인용하는 것인데 도입과 연계된 형태를 사용하는 것도 좋은 방법이다.

차는 단순한 탈 것이 아닙니다. 자신을 표현할 수 있는 최대의 도구이지요. ○○모터스의 창시자는 이렇게 말했습니다. 운전하는 것을 보면 그 사람의 인격을 알 수 있다고요. 누구보다 차를 사랑하는 당신을 위한 차가 여기 있습니다.

3. 행동 환기

상대방을 다음 행동으로 이끄는 마무리다. 가령 실제로 상품을 사용해 보게 하거나 사인을 하거나 회원 등록을 하는 등의 다음 행동을 촉구한다.

우선 오늘 여기서 시운전을 해 보세요. 차와 하나가 돼 달리는 즐거움을 느껴 보시기 바랍니다.

4. 질문

도입의 강력한 질문처럼 마무리에서도 상대방의 마음을 찌르는 질문을 하는 방법이다.

당신은 내일도 단순히 교통수단과 다름없는 차를 운전하시겠습니까? 아니면 자기표현의 도구인 차로 설레는 하루하루를 보내시겠습니까?

마무리 역시 어떤 수법을 사용하든 원 빅 메시지를 강조해야만 한다. 제4장까지 읽으면서 비즈니스 말하기의 9단계 구성 방법, 스토리 짜는 법을 터득했을 것이다. 지금부터 실제 비즈니스 상황에서는 9단계 구조가 어떻게 활용되는지, 스토리가 어떻게 작성되는지 신규 여행 사이트의 컨설팅 사례를 통해 종합적으로 살펴보자.

다음에 이어지는 9단계 구조를 활용한 프레젠테이션과 GPS 시트 작성 예시를 참고하여 당신의 비즈니스 말하기에 활용하기 바란다.

〈뉴욕타임스〉에 따르면 혼자 떠나는 여행을 해 보고 싶다고 생각하는 사람은 여행 인구의 절반이 넘는다고 합니다.(놀라운 사실, 7초)

과거 2년 동안 1인 여행자는 여행 인구 전체의 16퍼센트에서 37퍼센트로 2배 이상 급증했으며, 혼자 여행을 해 보지 않은 사람들 중에서도 17퍼센트가 시도해 보고 싶다고 말했습니다. 이 둘을 합하면 54퍼센트, 즉 당신 자신이나 지금 옆자리에 앉아 있는 사람이 1인 여행을 꿈꾸고 있다고 볼 수 있어요.(30초)

그들이 가장 원하는 것이 무엇일까요? 바로 '지금껏 체험해 보지 못한 새로운 일'이라고 합니다. 가이드북에 실려 있지 않은 술집과 현지인만이 알 수 있는 비경을 찾아가거나 아는 사람만 안다는 소규모 테마형 파티에 참석하며 자신만의 유일무이한 1인 여행을 디자인하려는 수요가 높아지고 있는 것입니다.

그런데 정작 그런 여행을 실현하는 데는 어떤 문제가 있나요? 이렇게 많은 사람이 원하는 수요를 손쉽게 만족시켜 줄 서비스는 존재하지 않습니다. 저 역시 정보를 찾느라 무척 고생한 사람입니다.(이상적인 수요와 현실의 대비 효과) 그래서 더욱 제 경험을 살려서 이 괴리를 해결해 보고 싶었고 그런 절실한 마음에서 탄생한 것이 바로 '진짜 여행'입니다. 우리 '진짜 여행'은 나를 위한 유일무이한 1인 여행을 간단히 실현시키고 스스로 가능성을 넓히고 점차 범위를 확대시켜 나가도록 돕습니다.(중대한 약속) 그렇다면 어떻게 '나답게 성장하고 넓혀 가는 진짜 여행'(원 빅 메시지)을 실현할 수 있을까요? 간단한 세 가지 단계 'CDE'(연결Connect, 디자인Design, 경험Experience)이 답입니다.(로드맵)

3년 전에 제가 대만을 홀로 여행하려고 계획하던 때였어요. 현지인들과 연결고리를 찾고 싶었지만 몇 가지 큰 문제가 발생했습니다.(제1포인트로의 연결 단계 및 스토리의 시작)

가장 큰 문제는 현지의 인맥 만들기였습니다. 1인 여행이고 가이드북에는 실리지 않는 생생한 경험을 해 보고 싶었기에 대만을 제대로 안내해 줄 사람을 찾고자 페이스북에서 친구 신청을 해 보았습니다.(제1막)

그런데 처음의 일곱 명은 완전히 무시했고 여덟 번째는 친구 신청은 수락했지만 답장을 주지는 않았습니다. 그리고 아홉 번째 사람에게서는 스팸 메일로 신고한다는 연락을 받기도 했습니다. 데이트를 하려는 목적이나 사기라고 생각한 듯해요. 열 번째로 시도한 사람이 흔쾌히 답장을 주기는 했지만 이때 SNS의 가장 큰 장점인 친구 만들기 시스템이 가장 큰 결점이 되고 있다는 사실을 깨달았습니다. 상대방이 신뢰할 만한 사람인지 아닌지 알 수 없기 때문이었지요. 저는 '진짜 여행' 서비스 이용자에게는 SNS의 장점은 살리되 회원들을 믿을 수 있는 장치를 마련해 신뢰도를 높여야 한다고 생각했습니다.(제2막)

그래서 고객 정보 확인 시스템을 도입해 심사에 통과한 사람만이 회원이 되도록 했고 신뢰할 수 있는 결혼상담소처럼 상대방의 취미와 기호 등을 알 수 있는 프로필 공개를 필수로 내세웠습니다. 이 시스템 덕분에 자신과 관심사가 비슷한 사람들과 안심하고 실제로 연결돼 네트워크를 세계로 확대할 수 있는 것입니다.(제3막)

이것이 '나답게 성장하고 넓혀 가는 진짜 여행'(원 빅 메시지) 실현의 1단계, 연결입니다.(제2포인트) 문제는 이것만이 아니었습니다.(제2포인트로의 연결)

여행지에서 공통의 관심사나 취미를 가진 친구를 만나고 제한된 예산 속에서도 현지에서만 가능한 특별한 체험을 하고 싶었습니다. 저는 원래 복싱을 했고 지금은 영화 스턴트맨으로 일합니다. 그래서 몸을 움직이는 모험을 경험하거나 영화를 촬영한 술집에도 가 보고 싶었어요. 겉보기와는 달리 작은 동물을 좋아해서 야생 토끼 등을 볼 수 있는 곳도 가 보고 싶었지요.(제1막)

하지만 그런 것들을 알아보려면 상당한 조사가 필요해서 시간과 노력이 많이 들었습니다. 제가 찾아본 사이트와 책, 잡지는 30종류가 넘습니다. 그중에는 중국어로만 돼 있어서 읽을 수 없는 것도 많았어요. 이건 비단 대만 여행만의 문제가 아니라 다른 나라를 여행할 때도 마찬가지였습니다. 세계여행을 하려면 자신의 모국어로 사전에 정보를 많이 찾아봐야 한다는 사실을 절실히 느꼈습니다. 한곳에서 제 스타일의 여행에 관한 모든 정보를 얻을 수 있고 여행을 자유자재로 디자인할 수 있다면 여행의 가능성이 얼마나 커질까요!(제2막)

그런 생각으로 '진짜 여행'에서는 '나답게 성장하고 나의 가능성을 넓혀 가는 진짜 여행'(원 빅 메시지)을 주제로 원 스톱 서비스를 고수했습니다.(제3막)

내 스타일의 여행을 모두 한곳에서 계획하고 여행 가능성을 스스로 넓혀 가는 것입니다. 이것이 2단계, 디자인입니다.(제2포인트) 이렇게 자신만의 여행이 실현되면 여행의 가능성을 더 넓히고 싶어지는 법이지요.(제3포인트로의 연결)

저는 여행지에서 나만의 영상을 제작해 유튜브에 올리는 것을 좋아합니다. 대만 여행에서 찍은 현지 술집의 영상은 특히 조회수가 많아서 사흘 만에 1,000건이 넘었습니다. 용돈 정도의 수입도 생겼지요.(제1막)

하지만 막상 뚜껑을 열어 보니 대부분의 접속자는 대만 여행에 관심을 가진 사람만은 아니었습니다. 제 가족과 지인, 친구 그리고 여행자가 아니라 대만에 사는 사람들도 많았어요. 여행 목적지별로 정보를 원하는 사람들이 즉시 찾아볼 수 있다면 그들도 유사 체험을 할 수 있습니다. 조회수가 올라가면 부수입도 많아지니 비즈니스의 가능성도 커지지요.(제2막)

'진짜 여행'에서는 여행을 통해 나만의 즐거움을 느끼고 또 진짜 여행이 다방면으로 확대되도록 각 회원의 실제 체험을 동영상으로 공유하는 공간을 회원 페이지에 마련했습니다. 아직 보지 못한 사람과의 연결, 그리고 부수입도 늘어나는 시스템을 갖춘 것입니다. 즉 3단계인 경험 요소를 부여했습니다.(제3막 및 제3포인트)

여행을 계획하느라 동분서주한 덕분에 대만 여행은 성공적이었습니다. 하지만 사실 이런 고생을 매번 해 왔지요. 그렇게 고생한 것을 무언가에 활용하고 싶었습니다. 그런 생각을 바탕으로 '진짜 여행'을 시작했습니다. 나다운 여행을 매번 간단하게 계획할 수 있다면 여행의 가능성이 얼마나 커질까요! 연결, 디자인, 경험의 세 단계를 통해 그것이 간단히 실현됩니다.(마무리로의 연결)

하지만 사실 이대로 그냥 실현되지는 않아요. 자신의 여행 가능성을 빨리 넓히고 싶은 분들의 행동이 필요합니다. 그 행동은 아주 간단해요. 바로 크라우드 펀딩에 참여하면 됩니다. 마감일까지 자금이 모이면 이번 여름까지는 여러분의 여행이 실현될 겁니다.(마무리로 이동)

스스로 성장하고 나의 가능성을 넓히는 여행. 나다움을 최우선으로 하는 당신이기에 크라우드 펀딩에 참여해 이번 여름, 여행을 실현해 봅시다! 나만의 진짜 여행을 말이에요.(마무리—행동환기)

GPS시트

1단계 ▶ 왜 전달하는가?

듣는 이는 누구인가? 무엇을 생각하고 원하는가?	SNS를 통해 세계인들과 연결되는 것이 일상이다. 공통의 관심사나 흥미를 가진 친구의 폭을 전 세계로 넓히고 여행지의 현지인들과도 연계돼 현지에서만 가능한 깊이 있는 체험을 하고 싶다. 적은 비용으로 1인 여행을 디자인하고 싶은데 조사에 많은 시간과 노력이 들어서 힘들다. 또 보통 SNS로 현지 친구를 찾으면 데이트를 하려는 목적이라거나 사기라고 여기고 경계하는 경우도 있어서 쉽지 않다. 현지 주민들과 연결돼 세계에 대한 견문을 넓히고 깊고 독특한 여행을 마음 편하게 하고 싶다.
듣는 이는 무엇을 얻을 수 있는가?	페이스북, 에어비앤비, 유튜브, 우버, 레스토랑 예약 사이트, 여행 예약 사이트가 하나가 된 것처럼 여행의 모든 것을 한곳에서 설계할 수 있는 원 스톱 서비스의 편이성. 고객 정보 확인으로 회원을 미리 알아보는 회원제 사이트의 신뢰도. 각자 독특한 여행 영상을 제작하고 배포해 수입도 올릴 수 있는 간단한 부업.
왜 당신이 이야기하는가?	나만의 여행 스타일로 혼자 세계를 여행하며 정보를 수집하느라 많이 고생했다. 독자적으로 수많은 사이트를 찾고 연구해 저렴한 패키지를 찾아냈다. 현지에서 친구를 만들고 가이드북에 실리지 않은 곳에 동행해 영상을 제작하고 공유하며 인적 네트워크를 확대해 왔다. 나는 방법을 모두 알아내고 시도해 본 사람이니 비슷한 니즈를 가진 여행자들이 원하는 콘텐츠와 기능을 겸비한 여행설계 사이트를 구축할 수 있다.
이야기의 목적은 무엇인가?	행동: 열렬한 찬성을 촉구하며 크라우드 펀딩에 투자 받기.

190

2단계 ▶ 무엇을 전달하는가?

당신이 전달하고자 하는 단 하나의 메시지는 무엇인가? (원 빅 메시지)	나답게 성장하고 자신의 가능성을 넓혀 가는 진짜 여행.

	①	연결: 자신과 흥미가 비슷한 사람들과 안심하고 연결될 수 있으며 네트워크를 세계로 넓힌다.
그 메시지를 뒷받침할 근거는 무엇인가? (메인 포인트)	②	디자인: 자신의 스타일에 맞는 여행의 모든 것을 한곳에서 디자인해 여행의 가능성을 스스로 넓힌다.
	③	경험: 실제 체험을 영상으로 전달하고 아직 보지 못한 사람들과 공유하면 수입도 확대된다.

So what? ➡ Why So? ⇒

3단계 ▶ 어떻게 전달하는가?

분	도입	**놀라운 사실:** 1인 여행 인구는 전 세계적으로 급증하고 있다. **중대한 약속:** 나를 위한 유일무이한 1인 여행을 간단히 실현시키고 가능성을 점점 넓힐 수 있다. **로드맵:** 나를 위한 여행을 실현하는 세 단계 'CDE' (연결Connect, 디자인Design, 경험Experience).
	제1포인트로의 연결	나다운 여행 만들기의 큰 문제 ① 그 사람을 정말로 신뢰할 수 있는가?
	제1포인트	**연결:** 자신과 관심사가 비슷한 사람들과 안심하고 실제로 연결될 수 있으며 세계적으로 네트워크를 넓힐 수 있다.
분		**구체적 스토리:** 3년 전의 여름, 대만 여행을 계획하던 중에 '제대로 된 대만을 안내해 줄 현지인'을 찾고자 페이스북으로 노력해 보았지만 여덟 명에게서는 답이 없었고 아홉 번째 사람에게서는 스팸메일로 신고한다는 연락을 받았다. 어렵게 열 번째 사람과 연결됐다. SNS의 가장 큰 결점은 상대방을 신뢰할 수 있는지 알 수 없다는 점이며 무언가 거르는 장치가 필요하다고 생각하게 됐다. 고객 정보 확인 시스템을 도입해 심사를 통과한 사람만이 회원이 될 수 있으며 그 사람의 관심사와 취향은 물론 다양한 정보를 알 수 있다.
	제2포인트로의 이행 단계	나다운 여행 만들기의 큰 문제 ② 수고롭다!
	제2포인트	**디자인:** 자기 스타일의 여행 모두를 한 곳에서 디자인하며 여행의 가능성을 넓힌다.
분		**구체적 스토리:** 내 흥미에 근거한 활동별로 믿을 만한 현지 안내인을 찾기란 쉽지 않다. 스스로 레스토랑이나 바 등을 찾아야 하고, 숙박지의 평판에 대해서도 알아보아야 한다. 대만 여행을 계획 중에 찾은 사이트와 책, 잡지만 해도 30종류가 넘는다. 그중에는 중국어로만 적혀 있어서 정보를 읽을 수 없는 것도 많았다. 자신의 모국어로 사전에 정보를 찾아두는 것이 중요함을 깨달았다.
	제3포인트로의 연결	나다운 여행 만들기의 큰 문제 ③ 내 경험을 공유하고 싶고, 다른 사람의 생생한 체험도 알고 싶다!

하지만 SNS의 정보들은 묻히기 쉬워서 정보를 필요로 하는 사람에게 정확히 전달되지 않는다.

☐ 분	제3포인트	경험: 실제 체험을 영상으로 전달해 아직 경험하지 못한 사람들과 연계되고 수입도 올린다.
☐ 분		구체적 스토리: 나는 각 여행지에서 나만의 영상을 제작해 유튜브에 올리는 것을 좋아한다. 특히 대만 여행을 하며 현지 바에서 찍은 영상은 사흘 만에 조회수가 1,000건이 넘었다. 용돈 정도의 수입도 생겼다. 하지만 대부분의 사람이 대만 여행에 관심을 가진 것은 아니어서 내 가족이나 지인, 친구들, 그리고 여행자가 아니라 대만에 사는 사람들이 주로 접속한다. 여행 목적지별로 정보를 원하는 사람들이 적시에 찾을 수 있다면 그들도 유사 체험을 할 수 있다. 조회수가 올라가면 부수입도 올라가니 일석이조다.
☐ 분	마무리로의 연결	마무리가 다가온다는 신호: 여행 계획으로 동분서주한 덕분에 대만 여행은 성공적이었다. 하지만 사실 이런 고생을 매번 하고 있다. 그동안의 고생을 어떻게든 활용하고 싶다. 여러분도 자기만의 여행계획을 매번 쉽게 짤 수 있다면 여행의 가능성이 얼마나 커지겠는가! 연결, 디자인, 경험의 세 단계로 이를 간단히 실현할 수 있다.
		Q & A
		마무리로 이동: CDE의 세 단계를 통한 나답게 성장하는 진짜 여행은 쉽게 실현되지 않는다. 자신만의 여행 가능성을 빨리 키우고 싶은 분들이 행동했을 때 비로소 실현된다. 그 행동이란 아주 간단한 일이다. 바로 크라우드 펀딩에 참여하는 것이다. 마감일까지 자금이 모이면 이번 여름, 여러분의 여행이 실현될 것이다.
☐ 분	마무리	자신이 성장할 수 있는 경험의 폭이 넓어진다. 나다움을 최우선으로 여기는 사람이라면 크라우드 펀딩에 참여하여 계획을 실현해 보자! 나답게 성장하고 자신의 가능성을 넓혀 가는 진짜 여행이 될 것이다.

머레이비언의 법칙에 따르면 상대에게 영향력을 미치는 비율은 이야기의 내용과 같은 언어 정보가 7퍼센트, 어조나 말의 빠르기와 같은 청각 정보가 38퍼센트, 겉모습과 같은 시각 정보가 55퍼센트로 나타났다고 한다. 이처럼 인간의 커뮤니케이션에서는 얼굴 표정이나 시선, 몸짓, 자세 등의 비언어 커뮤니케이션이 중요한 역할을 담당한다.

제5장

원 빅 메시지만큼
중요한 비언어적 기술

듣는 이와 감정을 주고받아라

이제까지 설명한 원 빅 메시지 전략에 대해서는 잘 이해했으리라 생각한다. 이제 드디어 실전편에 들어섰다. 열심히 구성을 생각해 말을 만들고 한 문장의 원 빅 메시지를 결정해도 실제로 남들 앞에서 이야기하는 것이니 어떻게 말하느냐에 따라 전달되는 양상은 확연히 다르다.

정보만 주고받는 것이라면 책으로 충분하다. 하지만 살아 있는 인간이 직접 이야기하는 것이니 보고 들으면서 공감할 수 있는 무언가가 필요하다. 즉 중요한 원 빅 메시지를 사람들의 머리와 마음에 더 잘 전달하려면 이야기하는 방식도 중요하다.

이번 장에서는 이야기의 전달 방식에 대해 알아보고자 한다.

브레이크스루 메소드의 많은 부분은 비즈니스 말하기 이외에도 응용할 수 있다. 가령 스토리 구성은 소설이나 각본에도 공통되고, 또 메인 포인트의 작성법은 광고문이나 설명문에서도 마찬가지로 중요한 부분이다.

하지만 프레젠테이션이나 스피치를 비롯한 비즈니스 말하기의 가장 큰 특징은 듣는 사람이 한 번만, 귀로만 들을 수 있다는데 있다. 즉 장황하게 에둘러 말하는 방식으로는 정보를 상대방의 머릿속에 남길 수 없다.

비즈니스 말하기에서는 간단·간결·간명이라는 KISS의 법칙이 중요하며 문어체가 아닌 구어체를 사용해야 한다. 더불어 사람들이 '귀'로 듣는다는 것 또한 명심해야 한다.

사람들 앞에서 말하는 걸 잘 못해요.
많은 사람 앞에서 이야기하다 보면 나도 모르게 흥분해 버립니다.

이렇게 스스로 비즈니스 말하기, 특히 다수의 사람 앞에서 말하는 것에 서투르다고 생각하는 사람도 많다. 그런 고민의 해결 방법으로 종종 '상대방을 사물이라고 생각하라. 그러면 떨려서 흥분할 일은 없다'라고 조언하는 사람도 있다. 하지만 이것은 절대 해서는 안 될 일이다. 상대방이 사물이라고 생각하게 되면 누구나 일방적으로 이야기하게 된다. 자신의 세계에 빠져 아무것도 전달하지 못하게 되는 것이다.

상대방과 캐치볼을 주고받듯이 상대의 마음과 머리를 움직이는 것이 중요한 요령이다. 만약 상대가 사물이라면 마음을 움직여 줄 리가 없지 않은가. 말을 할 때는 상대방과 감정을 주고받는 것이 가장 중요하다. 상대방과 잘 이어지기 위해 다음의 포인트에 주의하도록 하자.

1. 말하는 사람과 듣는 사람 사이에 경계를 만들지 않는다

말하는 사람과 듣는 사람 사이의 공간을 가급적 막지 않도록 한다. 테이블, 연단 등 물리적으로 차단하는 것이 있으면 경계선이 형성된다. 아무것도 가로막는 물체가 없어야 상대방과의 거리가 줄어든다.

연단 뒤에 선 채 움직이지 않는 것도 피해야 한다. 마이크를 쥐고 움직일 수 있는 상태라면 조금씩 움직이면서 연단 앞으로 나와 보자. 연단에서 움직이지 못하는 경우라도 살짝 옆으로 나와서 이야기하면 사람들과의 거리를 좁힐 수 있다.

또 몸 앞으로 팔짱을 끼거나 주머니에 손을 넣는 등의 행동은 폐쇄적인 자세이므로 피하는 것이 좋다. 팔짱을 끼면 상대방에게 경계심을 품고 있는 듯한 인상을 준다.

폐쇄적인 자세는 자기방어적인 인상을 주어 마음을 열고 상대방과 연결되려는 의도가 보이지 않게 만든다. 그러니 보디랭귀지도 개방적인 인상을 주도록 신경을 써야 한다.

자세도 상대방을 향해 개방적으로 열려 있으면 상대방과의 거리가 좁혀진다. 상대방을 향해 두 팔을 벌리는 몸짓, 혹은 환영하는 듯한 자세를 취하는 것도 좋으니 잘 기억해 두기 바란다.

2. 시선을 '스캔'하고 '스톱'한다

많은 사람 앞에서 발표를 하는 경우 모두의 시선이 내게 쏟아진다고 생각하면 긴장하기 마련이다. 하지만 만약 상대가 잘 아는 친구라면 상대방이 나를 어떻게 생각할지에 대한 불안이나 실패를 예상해 긴장하는 법 없이 자연스레 이야기할 수 있을 것이다. 많은 사람 앞에서도 친구에게 이야기하는 것처럼 마음을 연결시키는 비결은 시선 처리에 있다.

많은 사람 중 한 사람과 눈을 맞춰 보자. 눈을 맞추면 상대방과 이야기하고 있다고 생각할 수 있고 상대방 역시 자신에게 말을 걸고 있다고 느낀다. 자신에게 이야기를 하고 있다고 생각하면 상대방도 자기 모르게 고개를 끄덕이며 열심히 듣게 된다. 어떤 발표든 '저 사람이 내게 개인적으로 말하고 있다'고 느끼게 하는 것이 중요하다.

들는 사람의 수가 많을수록 어렵게 느껴질지 모르지만 간단한 방법으로 해결할 수 있다. 바로 '스캔&스톱'이라는 방법인데 인원이 많을수록 더 잘 이용할 수 있다. 먼저 장소 전체를 스캔하며 둘러보고 이야기를 진행하면서 핵심 포인트를 말할 때, 누군가에게 눈을 멈춘다. 핵심에 대한 이야기가 끝날 때까지 시선은 그곳에 고정한다. 그리고 하나의 핵심을 다 이야기한 후에는 다시 광범위하게 스캔하고 다음 핵심을 말할 때 또 다른 사람에게 시선을 고정하는 방법이다. 스톱할 때는 반응이 좋은 사람에게 눈을 맞추자.

사람들을 스캔하며 살펴보면 반응이 좋은 사람도 있고 무표정한 얼굴로 듣는 사람도 있다. 그중 반응이 좋은 사람, 열심히 듣고 있는 사람에게 시선을 고정하자. 스캔할 때도 앞줄의 눈이 닿는 범위뿐만 아니라 뒤의 구석자리까지 골고루 시선을 배분하도록 배려하자. 장소가 큰 경우에는 전체를 4분할(오른쪽 앞, 왼쪽 앞, 오른쪽 뒤, 왼쪽 뒤)한 후 네 곳을 한 바퀴 휙 둘러보면 좋을 것이다. 반응이 좋은 사람과 눈을 맞추면 그 좋은 반응이 주위에도 전염되는 효과가 있다.

회의나 영업 현장에서는 핵심 포인트를 말할 때 안건의 의사결정자에게 눈을 맞추면 효과적이다. 간혹 의사결정자가 당신의 기획에 부정적인 태도를 보이는 경우도 있을 수 있다. 그러면 그 다음으로 중요한 사람에게 눈을 맞추면 된다. 앞에서 말한 대로 반응이 좋은 사람에게 시선을 고정하면 긍정적인 분위기가 주위에도 전달되는 효과가 있다.

면접에서도 상대방과의 눈맞춤은 중요하다. 다섯 명 정도의 면접관이 있으면 그들을 스캔한 후 중요한 부분을 말할 때는 면접관 중에서도 반응이 좋은 사람에게 시선을 고정시키고 말하면 마음이 전달되기 쉽다. 또 면접관이 질문을 하면 처음에는 질문자를 바라보며 대답한 후 다른 사람들과도 한 명씩 눈을 맞추고 마지막에는 다시 질문자에게로 시선을 돌리자. 그 누구도 무시하지 않는 태도를 잊지 말자.

3. 구어체로 말한다

프레젠테이션이나 발표의 원고는 대개 처음에는 문어체로 작성돼 있다. 하지만 그 상태로는 듣는 사람에게 딱딱한 인상을 주기 쉽다. 예를 들어 '그렇다고는 하나'라는 표현이 어떤지 생각해 보자. 문장에서 본다면 자연스럽지만 구어라고 하면 '그래도'를 쓰는 편이 더 자연스러울 것이다.

이처럼 친구와 대화하는 말투를 의식하면서 문어체를 구어체로 전환하자. 만약 원고 작성 시점에서 바꾸기 어렵다면 우선 컴퓨터를 치워 두고 스마트폰이나 녹음기를 활용한다. 녹음을 하면서 하고 싶은 말을 자신의 언어로 이야기해 보는 것이다.

스마트폰에는 말을 글로 옮겨 주는 애플리케이션 등도 있으니 그런 기능을 활용하면 좋다. 자신이 가장 자연스럽게 이야기할 때의 어조를 파악해 그 어투를 참고해 원고에 반영하면 된다.

프레젠테이션을 할 때는 발표자와 듣는 사람들 사이에 감정을 주고받는 과정이 반드시 필요하다. 그저 원고를 읽기만 해서는 사람들의 마음을 울릴 수 없고, 실제 인간이 프레젠테이션을 하는 의미도 없다.

상대방과 마음을 연결하기 위해서는 문어체가 아니라 평소에 말하는 어투를 사용하는 것이 중요하다. 듣는 사람들과 연결되려면 대상이 수십 명, 수백 명이라 해도 그들이 모두 '오로지 나에게만 말하고 있다'는 느낌을 받도록 해야 한다. 그러려면 단 한 사람에게 말하는 듯한 표현을 고르는 것이 바람직하다.

수백 명을 대상으로 발표하는 경우에도 복도에서 누군가와 스쳐 지나갈 때 그 사람에게 이야기하는 듯한 말을 골라 이야기하면 한 사람 한 사람이 모두 '내게만 말하고 있다'고 느끼게 된다. 자신의 발표 원고가 복도에서 누군가와 스쳐 지나갈 때 그 사람에게 말하는 듯한 구어로 돼 있는지를 확인하는 것을 나는 '복도 테스트'라고 부른다.

가령 다음의 두 가지를 비교해 보자. "나가사키에 가 본 적이 있는 분 계신가요?" 복도에서 스쳐 가는 사람에게 이렇게 묻는 사람은 없다. "나가사키에 가 본 적 있어요?" 하고 묻는 편이 상대방을 향한 말로 느껴진다. 이렇게 복도 테스트를 해 보면 그 말이 많은 사람에게 던지는 말인지, 한 사람을 대상으로 하는 말인지 판가름이 난다.

그래도 눈앞에서 수많은 사람이 자신을 바라보고 있으면 다수라고 생각할 수밖에 없을 것이다. 그럴 때일수록 '스캔&스톱'을 해야 한다. 스캔하면서 한 사람에게 말하는 듯이 이야기하면 그 자리에 있는 모두가 '내게 말하고 있다'는 느낌을 받는다.

그리고 보니 얼마 전에 코칭을 받은 사람이 "여러분은 여러분의 꿈이 이루어지지 않을지도 모른다고 생각해 포기해 버린

적이 있습니까?"라고 말한 적이 있다. 이것을 복도 테스트로 점검해 보자. 한 사람과 스쳐 지나갈 때 이 질문을 하고 싶다면 어떻게 바꾸면 될까? "당신은 자신의 꿈이 이루어지지 않을지도 모른다고 포기해 버린 적이 있나요?" 여러분이라는 표현을 당신으로 바꾸었지만 과연 일상에서 '당신은'이라고 운을 떼며 대화를 시작하는 경우가 얼마나 될까? 그렇게 물어보니 그 사람도 "아, 거의 없군요." 하고 내 의도를 알아차렸다. 즉 "자신의 꿈이 이루어지지 않을지도 모른다고 포기해 버린 적은 없나요?"라고 하는 것이 자연스럽다.

문어가 아니라 구어, 그중에서도 한 사람에게 말하는 대화체를 염두에 두고 복도 테스트로 점검하면서 표현을 골라 보자. 그러면 듣는 사람이 몇 명이든 각각의 마음을 울리는 전달이 가능해질 테니까.

커뮤니케이션의 93%는 비언어 정보

커뮤니케이션에서 자주 거론되는 머레이비언의 법칙이라는 것이 있다. 앨버트 머레이비언Albert Mehrabian 박사가 감정과 태도에 대해 모순된 메시지가 나왔을 때 사람들이 어떻게 받아들이는지에 대해 실험한 결과로 밝힌 법칙이다.

그에 따르면 상대에게 영향력을 미치는 비율은 이야기의 내용과 같은 언어 정보가 7퍼센트, 어조나 말의 빠르기와 같은 청각 정보가 38퍼센트, 겉모습과 같은 시각 정보가 55퍼센트로 나타났다고 한다. 즉 인간의 커뮤니케이션에서는 얼굴 표정이나 시선, 몸짓, 자세 등의 비언어 커뮤니케이션이 중요한 역할을 담당한다는 말이다.

말을 어떻게 하느냐에 따라 전달되는 법도 다르다는 것은 누구나 동감할 것이다. 예를 들어 "과연 다나카 씨의 아이디어는 좋네요."라는 말을 아무 억양이나 감정을 싣지 않고 읽으면 빈정거림으로 들릴 가능성이 크다. "그 넥타이, 멋지네요."라는 말 역시 만약 코웃음과 함께 얕보는 듯한 말투를 사용한다면 상대방은 분명 불쾌해질 것이다. 긍정적으로 말했을 때 비로소 칭찬으로 통한다.

물론 평소에는 누구나 자연스레 비언어 커뮤니케이션을 구사하지만 정작 중요한 상황에서는 자기도 모르는 사이에 입에서 나오는 말과 표현이 어긋나기도 한다. 특히 서양만큼 풍부한 표정으로 손짓 발짓을 섞어 가며 감정 표현을 하는 문화가 아니라면 '전달되지 않거나' '정서적 호소가 부족한' 전달이 되기 십상이다. 예를 들어 "오늘 이 모임에서 말씀드릴 수 있는 기회를 주셔서 무척 기쁘게 생각합니다."라는 말을 생각해 보자. 7초와 30초의 법칙의 관점에서 보아도 좋지 않지만 이 대사를 진심으로 기쁘게 말하는 사람을 본 적이 있는가?

대개의 경우는 아무런 감정 없는 어투로 이런 말을 한다. 그러면 당연히 인사치레로 하는 말이라는 인상을 주게 된다. 첫인상은 도입부에서 결정되기 쉽다. 따라서 특별히 개인적인 이유

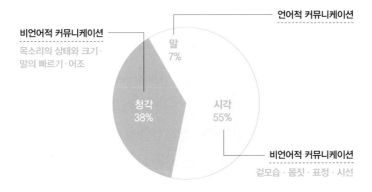

비언어적 커뮤니케이션
목소리의 상태와 크기·
말의 빠르기·어조

언어적 커뮤니케이션

말
7%

청각
38%

시각
55%

비언어적 커뮤니케이션
겉모습·몸짓·표정·시선

- 내용이 확실하기 때문에 더욱 비언어적 커뮤니케이션의 설득력이 커진다.
- 자신이 듣는 이의 입장에 섰을 때는 말하는 이의 태도나 목소리 상태 등에 흔들리지 않고 내용의 적절성을 판단한다.

머레이비언의 법칙

로 정말 기쁜 감정을 담은 인사가 아니라면 이런 문장은 제외하는 것이 낫다.

나는 재니스에게 개인 레슨을 받을 때 이것에 대해 철저히 배웠다. 가령 내가 원고를 읽으며 "그때 저는 놀랐습니다."라고 말하면 재니스는 "나쓰오, 잠깐만요. 당신은 놀랐다고 하는데 전혀 놀란 것처럼 들리지 않아요. 그때 정말로 굉장히 놀랐다면 감정을 실어서 말해야 해요." 하고 표현에 대해 지도해 줬다.

내 나름대로는 메시지를 잘 전달했다고 생각해도 사람들에게 전달되지 않는 경우가 많다. 특히 프레젠테이션이나 스피치를 할 때에는 단어 단위로 감정을 싣고 목소리에도 표정을 담도록 더욱 신경 써야 한다.

살아 있는 인간이 전달하는 것인 만큼 제스처나 목소리의 상태, 얼굴 표정, 눈맞춤, 열의 등을 통해 무의식중에 느낀 이러한 단서들이 듣는 이의 이해도와 감동을 좌우하는 법이다. 바로 이러한 비언어적인 부분에 청중의 마음을 사로잡는 마법이 숨어 있다. 비언어의 매직을 최대한 살리기를 바란다.

스티브 잡스처럼 비유하라

2008년, 스티브 잡스는 전설로 남을 만한 프레젠테이션을 선보였다. 작은 봉투를 들고 등장해서는 거기서 노트북을 꺼내 보인 것이다. 맥북 에어의 발표 현장이었다. 캐치 카피는 "The World's Thinnest Notebook."(한 문장) 우리말로 옮기면 '세계에서 가장 얇은 노트북'이다.

스티브 잡스는 '두께가 고작 4밀리미터'라는 설명으로 그치지 않고 봉투에 넣어 보임으로써 관객을 압도했다. 상품이 얼마나 얇은지를 구체적으로 보여 주어 사람들이 실감하도록 한 것이다. 이처럼 상대방에게 가깝게 느껴지는 예에 비유해 실제로 샘플을 보여 주거나 머릿속에 구체적으로 떠오르도록 말하면 그 상품이 '남의 일'에서 '내 일'로 바뀐다. 그 노트북이 얼마나 얇고 가벼운지, 마치 제 손으로 집어 본 것처럼 느끼는 것이다.

　예를 들어 '광대한 부지'라고 하는 것보다 '도쿄돔 다섯 개 정도의 넓이를 가진 부지', '장거리'보다는 '도쿄타워를 수십 개 쌓아 올린 것 같은 길이', '10분 만에 절대적인 칼로리 연소'보다는 '1시간 동안 계속 줄넘기를 한 것과 같은 칼로리 소비량'이라고 말하는 편이 더 구체적이다. 구체성이 커지고 가깝게 느껴질수록 설득력도 커져서 한층 더 잘 전달된다. 이러한 연출은 드라마틱한 인상을 부여해 준다.

전달을 방해하는 가장 큰 적은 '무변화'

일반적으로 사람의 집중력은 10분 정도 지속된다고 한다. 즉 10분 이상 같은 분위기의 이야기를 듣거나 변화 없는 무대를 보고 있으면 지겨워하거나 졸음을 느낀다는 말이다. 이는 수업이나 회의 시간에도 경험한 적이 있는 익숙한 현상이다. 말하기에서 가장 큰 적은 무변화, 즉 아무런 변화도 일어나지 않는 것이다. 10분 이상 같은 상태가 지속되거나 움직임이 없다면 상대방의 주의는 급속도로 떨어진다.

특히 긴 시간 이뤄지는 프레젠테이션의 경우에는 10분을 기준으로 변화를 주려고 노력해야 한다. 약 10분 단위로 다음의 포인트로 연결시키는 콘텐츠를 변화시킬 수도 있고, 그룹 프레젠테이션이라면 10분을 기준으로 팀원들이 번갈아 이야기하는 방법도 효과적이다. 영상이나 상품을 보여 주며 소도구를 등장시키는 방식으로 자리에 변화를 줄 수도 있다.

10분 이하의 경우에도 같은 장소에 같은 자세로 계속 서서 말하는 것도 무변화나 다름없다. 가급적 듣는 이와의 사이에 불필요한 사물을 제거하고 자유롭게 움직일 수 있는 공간을 만들자. 그리고 가장 주의해야 할 것은 목소리의 무변화다. 목소리에 강약을 주는 것은 기본적인 전달 기술이다. 목소리 톤에 변화를 주거나 억양을 달리 해 대비 효과를 줌으로써 프레젠테이션 전체의 무변화를 피할 수 있다.

집중하게 만들려면 쉬어 가라

사람은 긴장하면 말의 속도가 빨라지거나, 쉬지 않고 계속 이야기를 진행시키려는 경향을 보이기 쉽다. 듣는 사람과 메시지를 주고받으려면 효과적인 쉼표가 필요하다. 쉼표를 넣는 이유는 주로 세 가지로 볼 수 있다.

가장 중요한 이유는 사람들이 제대로 받아들였으면 하는 중요한 메시지를 전달할 때, 이를 그들에게 납득시키기 위해서다. 지금 말한 내용을 상대방이 소화시킬 수 있는 시간을 주는 셈이다. 기껏 중요한 메시지를 전달하고도 금세 다른 이야기를 진행해 버리면 그 메시지는 사람들의 마음에 깊이 도달할 틈도 없이 잊히고 만다.

두 번째는 앞으로 변화가 찾아올 때를 구분하기 위해서다. 다음 장면에서 무언가가 일어날 것이라는 전조로 살짝 쉼표를 넣으면 효과적이다. 특히 스토리를 이야기할 때, 장면이 바뀌는 부분이 있으면 의식적으로 쉼표를 넣어 보자. 하지만 쉼표는 휴식시간이 아니다. 쉼표를 통해 사람들의 주목을 끌어내는 것이 목적이니 쉼표를 부여한 동안에도 시선은 사람들을 향하고 집중해 에너지를 지속시키는 데 유의하자.

세 번째는 상대방의 반응을 확실히 받아들이기 위해서다. 스피치 중간에 예상하지 못한 장면에서 사람들이 반응하는 경우도 있다. 웃음이 터지거나 박수가 이어지고 놀라서 웅성거리는 때는 서둘러 다음 이야기로 넘어가지 말고 사람들의 반응이 진정되기 직전까지 쉬면서 충분히 반응하도록 내버려 두자. 기껏 사람들이 반응을 보였는데 다음 이야기로 넘어가 버리면 맛있는 음식을 한 젓가락 먹다가 만 것처럼 사람들과 메시지를 주고받을 기회를 놓치게 된다.

사람들이 웃거나 박수를 치고 놀라워 할 때에 발표자가 가만히 공감하도록 하는 역할을 쉼표가 한다. 미국의 오바마 전 대통령이 쉼표 찍기의 달인이라고 할 수 있다. 그는 연설에서 쉬어 가야 할 때 제대로 쉬어 가는 발군의 능력을 보였다. 예를 들어 그는 자신이 말하는 도중에 사람들이 환호하며 박수를 치면 잠시 뜸을 들이며 계속 박수를 치거나 소리를 지를 시간을 준다.

반대로 사람들의 반응이 적을 때에는 '여기가 중요한 포인트!'라는 식으로 쉼표를 확실히 넣어 주며 역으로 관중의 반응을 끌어냈다. 이처럼 쉼표를 조절하는 기술은 발표자의 프레젠테이션이나 연설 수준을 확연히 높여 준다.

하지만 발표자로서는 쉼표를 넣는 데 상당한 용기가 필요하다. 단 3초의 침묵도 발표자에게는 매우 길게 느껴져 불안해지거나 초조함을 느끼기도 한다. 한 세미나에서 공개 개인 코칭을 한 적이 있다. 한 고객에게 쉼표를 넣으라고 조언하자 그는 순간적으로 침묵한 후에 서둘러 이야기를 진행했다. 내가 다시 지적하자 본인은 "지금도 굉장히 길게 쉰 거예요!"라고 대답했다. 하지만 다른 참가자들에게 물어보니 모두 입을 모아 '전혀 쉼이 없었다'고 대답했다.

쉼표를 넣는 것에 익숙해지지 않으면 발표자 입장에서는 그 짧은 시간을 영원히 계속되는 불편한 침묵처럼 느끼곤 한다. 하지만 실상 듣는 사람의 입장에서는 딱 적당한 길이다. 과감하게 마음속으로 3초를 세어 보자. 듣는 사람에게 콘셉트를 이해시키고 싶을 때, 어떤 반응을 얻고자 할 때, 생각하게 만들고 싶을 때 등 다음 이야기로 넘어가기 전에 확실히 쉼표를 넣어 주려고 노력해 보자.

단어를 무게에 따라 구별하라

프레젠테이션 원고에 쓰인 글을 의미 단위별로 나누어 보면 각
각의 말이 무게가 다름을 알 수 있다. 그러한 단어를 영어에서
는 중요 단어Operative word라고 한다. 무엇을 중요 단어로 판단하
고 강조하느냐에 따라 전달되는 양상이 달라진다. 강조하는 말
에 따라 어떻게 달라지는지 예를 살펴보자.

나는 그 비밀을 모른다고 그녀에게 말했다.

① '나는'을 강조

→ 나는 모르지만 다른 사람은 알고 있는지도 모른다는 의미가 된다

② '그 비밀'을 강조

→ 그 비밀은 모르지만 그 밖에도 비밀이 있으며 그것을 내가 알고 있

는지도 모른다는 의미가 된다

③ '그녀에게'를 강조

→ 다른 누구도 아닌 그녀에게 말한 것이라는 의미가 된다

따라서 프레젠테이션과 같은 말하기를 연습할 때 원고를 보고 먼저 소리 내어 읽으면서 무엇이 중요한 단어인지 표시하자. 여러 모로 시행착오를 거듭하면서 읽는 방법을 고민하다 보면 가장 분명하게 강조하는 방법을 찾을 것이다.

예를 들어 영업 활동을 할 때, "신제품인 진한 더블크림 슈크림이 5월 5일에 전국적으로 출시됩니다."라고 말하는 것도 '신제품'임을 어필하는 것이 중요한지, '진한' 혹은 '더블크림' 등의 제품의 정보가 중요한지, 아니면 출시일이 중요한지에 따라 강조하는 부분이 달라진다. 청중에게 가장 전달하고 싶은 단어가 무엇인지 생각하고 중요한 단어에 무게를 실으면 변화가 생긴다.

그리고 소리 내어 읽어 보는 것이 가장 효과적이다. 같은 글이라도 강조하고자 하는 말을 바꿔 가면서 여러 가지 방식으로 읽어 볼 필요가 있다. 원고를 읽고 있을 만큼 한가하지 않다고

생각한다면 기껏 작성한 원고를 제대로 살리지 못하고 아쉬운 결과를 얻게 된다. 심혈을 기울여 작성한 프레젠테이션 원고를 확실히 상대방의 마음과 머리에 전달하기 위해 부디 연습을 게을리하지 말자.

동작에는 의미를 부여하라

동아시아 문화권의 사람들은 보디랭귀지를 사용하는 데 익숙하지 않다. 보디랭귀지를 활용한다는 생각에 몸짓만 크게 한다고 다 되는 것은 아니다. 비즈니스 석상에서 말을 할 때는 가급적 페이싱Pacing을 피해야 한다. 페이싱은 몸을 이리저리 흔들거나 좌우로 오가는 등 의미 없이 움직이는 것을 뜻한다. 또 머리카락이나 넥타이, 옷을 만지거나 불필요한 손동작을 하는 것도 페이싱에 해당된다.

말하는 사람이 불필요한 움직임을 보이면 듣는 사람은 거기에 의식을 빼앗겨 중요한 메시지를 제대로 받아들이지 못한다. 습관적인 손동작이라고 하면 미국의 트럼프 대통령이 떠오른다. 그의 손 움직임은 매우 독특하다. 트럼프 대통령이 말할 때 보여 주는 손동작은 이미 자신만의 캐릭터로 확립됐지만 일반적으로는 불필요한 손짓과 발짓은 이야기의 내용에서 주의를 멀어지게 만들므로 피해야 한다.

반면에 동작을 섞어 가며 "세 가지 포인트에 대해 말씀드리겠습니다."라고 할 때 손가락 세 개를 펴 보이거나 첫째, 둘째 등의 순서를 손가락으로 나타내어 시각적으로 전달하는 것은 효과적이다. 또한 서 있는 위치도 이용할 수 있다. 과거, 지금, 미래에 대해 이야기한다면 무대의 위치를 이용해 보자.

관객석에서 보았을 때 왼쪽을 과거, 중앙을 현재, 오른쪽을 미래라고 설정하고 "과거에 우리 회사는 이랬습니다." 하고 왼쪽의 위치에서 시작해 "현재, 이렇게 됐습니다."라고 말하면서 오른쪽으로 향하면 미래로 나아가는 효과를 전달할 수 있다.

또 입에서 내뱉는 말과 움직임을 일치시킬 때 더욱 효과적이다. "그때 그대로 전진하기로 결단했습니다."라고 말하면서 뒤로 몇 걸음 물러선다면 말과 동작이 맞지 않아 청중에게 혼란을 초래한다.

면접은 앉아서 볼 때가 많은데 이때에도 불필요한 동작은 하지 않는 것이 좋다. 긴장해서 머리카락을 만지거나 코를 쓰다듬는 등의 행동은 상대방의 눈에 거슬릴 수 있다. 이런 행동을 빈번하게 할 경우 자신이 없거나 주의가 산만하다는 부정적인 인상을 주게 된다. 면접관에게 전달하고 싶은 것은 어디까지나 당신이 이야기하는 내용이니 불필요한 동작을 하지 말고 의미 있는 움직임을 보이도록 하자.

"음…", "저기…"를 없애는 3단계 기술

여러 상황의 인사나 프레젠테이션, 결혼식의 주례사 등에서 "음…" 하고 시작하는 경우를 자주 본다. "음… 오늘 안건 말인데요.", "음… 오늘은 일진도 좋고."

하지만 이렇게 "음…"을 자주 사용하면서도 정작 본인은 의식하지 못하는 경우가 많다. 스스로도 알아차리지 못하는 사이에 불필요한 말을 입에 담고 있는 것이다. "아… 음… 그러니까", "음… 그게" 같이 무의미한 말을 넣는 버릇을 없애자. '음…', '저기…'라는 말만 줄여도 이야기가 훨씬 듣기에 편하고 좋은 말하기가 된다.

이렇게 필요 없는 말을 간투사Filler word라고 하며 말을 메우거나 채우기 위한 무의미한 말로 여긴다. 불필요하고 무의미한 말은 가급적 제거해야 한다. 사람은 다음에 무슨 말을 해야 할지 모를 때 '음…', '저기…' 등의 말로 다음 말을 이어 가려고 한다. 침묵이 두려워서 무의미한 말로 연결하려는 것이다. 이러한 습관을 극복하기 위해 다음의 세 단계를 시도해 보자.

1. 자신이 불필요한 말을 한다는 사실을 의식한다

우선 자신이 필요 없는 말을 내뱉고 있다는 사실을 자각해야 한다. 내가 소속된 스피치 단체인 토스트마스터즈에서는 한 사람이 스피치를 하는 동안에 간투사를 세어 주는 담당이 있다. 스피치가 끝나면 "지금 스피치에서 '음…'은 네 번, '그게…'는 세 번 나왔습니다." 하고 보고해 준다.

그러면 발표자는 자신이 무의식적으로 한 말들의 횟수를 듣고는 놀라워한다. 나 역시 처음에는 자각하지 못했기 때문에 내가 그토록 자주 '음…'과 '저기…'를 사용한다는 사실에 충격을 받았다. 즉 자신의 습관을 알아차리기 위해서는 누군가에게 들어 보게 하거나, 녹화나 녹음 등을 통해 객관적으로 들어 보아야 한다. '음…', '저기…' 증후군을 극복하려면 우선 이 의식의 단계가 중요하다.

2. 말하기 직전에 깨닫는다

지금까지 무의식적으로 간투사를 말해 온 사실을 알았다면 이번에는 '내뱉기 직전'에 자각할 수 있도록 해야 한다. '아, 나오려고 하네', '말할 뻔했네' 하고 자각하게 되면 해결은 어렵지 않다.

3. 쉬어 간다

간투사가 나올 듯한 순간에 알아차렸다면 그 말을 삼키자. 즉 거기서 쉬어 가면 된다. 쉼표를 넣는 일이 두렵겠지만 과감히 쉬어 보자. 이러다가 스피치가 온통 쉼표 투성이가 되는 건 아닐까 하고 걱정될지도 모른다. 하지만 청중은 화자만큼 쉼표를 의식하지 않으므로 그리 걱정하지 않아도 된다.

다만 사람은 생각을 하는 순간에 자기도 모르게 위를 쳐다보게 된다. 다음 말을 찾으려고 위를 쳐다보거나, 때로는 아래를 내려다보는 사람도 있다. 하지만 위아래 어디에도 원고는 붙어 있지 않다.

전달할 메시지는 내 안에 있다. 연습한 나 자신을 믿고 쉼표를 넣은 후 내 안에서 말을 꺼내도록 하자. 프레젠테이션을 하다가 간투사가 나오기 직전에 알아차리고 불필요한 말이 나오려고 하면 잠시 쉬는 것. 이것을 연습하면 큰 효과가 있다.

간투사는 완전히 없앨 필요까지는 없지만 적을수록 듣기 편한 말하기가 된다.

최고의 리허설은 '녹화'다

프레젠테이션이나 스피치 같은 대중 말하기를 연습할 때 가장 효과적인 방법은 과감히 녹화를 해 보는 일이다. 거울을 보며 연습한다는 사람도 있는데 그 방법은 썩 좋지 않다. 왜냐하면 아무도 실전에서 자신의 모습을 보면서 스피치를 하지 않기 때문이다.

실전에서는 관객을 바라보며 이야기할 뿐이다. 그러므로 실전에서 절대 볼 수 없는 거울에 비친 자신의 모습을 보면서 연습하는 것은 어느 특정한 부분의 표정을 확인하는 경우를 제외하고는 도움이 되지 않는다.

그보다 듣는 사람의 입장에서 말하는 사람인 자신이 어떻게 이야기하는지를 알려면 녹화 영상이 가장 정확한 선생님이다. 녹화 한 번의 효과는 절대적이다. 녹화한 영상은 세 가지 방법으로 리뷰하자.

1. 그대로 본다

우선 있는 그대로의 상태에서 자신을 살펴보자. 그것이 바로 청중이 바라보는 당신의 모습이다.

2. 음소거 상태로 본다

음성을 없애고 동작만을 체크하면 무의미한 버릇을 알 수 있다. 2배속으로 보면 움직임의 버릇을 더 잘 파악할 수 있다.

3. 음성만 들어본다

영상을 없애면 억양이나 간투사 등의 버릇을 알 수 있다. 목소리 상태에 변화가 없다거나, 무게감의 차이도 더 잘 파악된다.

자신이 발표하는 모습을 녹화해서 보기가 부담스럽다고 여길 수도 있지만 대부분이 그렇게 느끼니 걱정하지 않아도 된다. 내가 소속된 스피치 클럽에서 스피치를 연습하는 사람들도 녹

화를 하자고 하면 겁을 내며 "나는 아직 멀었어요.", "녹화만큼
은 피하고 싶네요." 하고 꺼린다. 스피치를 배우려고 하는 사람
조차도 대개는 자신의 녹화 영상을 보기 싫어한다.

전문 강연자인 나 역시 매번 연습을 위해 녹화를 하고 그것
을 지켜보는 일은 고역이다. 그래도 녹화를 하고 그것을 조금씩
보면서 다른 방법을 시도하거나 말투를 바꾸어 보게 된다.

녹화는 누구나 꺼릴 만큼 심리적 장벽이 높다. 즉 연습을 녹
화해 영상을 보는 난관을 넘어서면 숙달로 가는 첫걸음을 내딛
는 셈이다. 만약 한 번이라도 영상을 보게 되면 녹화의 필요성
을 절로 느낄 것이다. 그리고 녹화 리뷰에 조금씩 익숙해지면
아이디어를 내고 연습이 필요한 부분도 눈에 잘 들어온다.

녹화를 하지 않고 매번 프레젠테이션을 해 왔기 때문에 쉽게
만족하는 사람이 대부분이다. 하지만 자신의 모습을 영상으로
본다면 분명 개선해야 할 점을 깨달을 테고 실력이 점점 더 향
상될 것이다. 배우나 아나운서라면 아무리 싫어도 자신의 녹화
영상을 보면서 실력을 키우게 되는데, 일반인은 그럴 기회가 거
의 없다. 만약 정치인들이 자신의 연설을 녹화해서 연습한다면
그토록 '음…', '그게…'를 연발하거나 명료하지 않은 언어를 쓰
고 변화 없는 목소리로 말하는 일 없이 연설의 달인이 됐을 것

이다.

비즈니스 말하기는 자기만족을 위해 하는 것이 아니다. 상대
방에게 메시지를 전달하기 위한 것이다. 그러니 반드시 연습이
필요하고, 녹화는 가장 효과적인 숙달법이다. 프레젠테이션이
나 스피치뿐만 아니라 취업면접을 앞둔 사람들도 꼭 녹화해서
점검해 보기 바란다. 면접관의 눈에 비칠 당신의 모습은 영상으
로 확인해 보는 것이 가장 정확하고, 그래야만 고쳐야 할 부분
도 눈에 잘 들어올 것이다. 녹화 리뷰에 꼭 도전해 보기 바란다.
당신의 프레젠테이션이 놀라울 정도로 발전할 테니까.

* * *

마지막 장에서는 실전 사례를 통해 이야기의 전달 기술에 대
해 설명했다. 이것으로 당신은 브레이크스루 메소드의 모든 것
을 마스터한 셈이다. 내일부터 분명 상대방을 움직이는 말하기
를 할 수 있을 것이다.

말하기를 어렵게 생각하는 사람들이 많다. 하지만 남들 앞에
서 이야기하는 것은 한 번에 여러 사람들과 연결될 수 있는 귀
한 기회다. 처음 만나는 사람들, 혹은 같은 회사에 다녀도 깊이

있는 이야기를 해 본 적이 없는 사람들을 상대로 이야기하며 그들과 이어질 수 있는 특권을 누릴 기회다.

프레젠테이션을 하기에, 발표자이기에 사람들과 연결될 수 있다. 그런 특권은 좀처럼 얻기 힘들다. 나는 스피치를 할 때면 언제나 내 가슴에서 수많은 실이 나와서 사람들과 연결되는 느낌을 받는다. 그것이 바로 스피치의 진정한 묘미다.

당신의 말이 상대방의 생각이나 인생을 바꿀 수 있을지도 모른다. 혹은 회사의 성장에 기여할 수 있을지도 모른다. 사회의 의식을 바꿀 수 있을지도 모른다. 그런 기여를 할 수 있는 기회를 얻었다고 생각하면 가슴 설렐 것이다. 내가 그들을 위해 할 수 있는 일이 무엇일지, 듣는 사람의 관점에서 생각해 보면 사고의 전환도 가능하다.

이 책을 통해 사람들과 사회를 바꾸는 힘을 느낀다면 더없이 기쁘겠다. 당신의 이야기에는 사람들을, 그리고 사회를 바꿀 힘이 있다. 부디 한 문장의 원 빅 메시지를 전달해 사람들을 움직여 보기를 바란다.

부록

원 빅 메시지 전략을 위한 체크리스트

원고 구성 단계

- [ ] 말하기의 가장 큰 목적은 무엇인가?
- [ ] 상대방을 알기 위한 네 가지 질문을 했는가?
- [ ] KISS(간단·간결·간명)의 법칙에 따랐는가?
- [ ] 단 하나의 메시지(원 빅 메시지)를 일관되게 전달하고 있는가?
- [ ] 원 빅 메시지가 임팩트 있는 한 문장으로 다듬어졌는가?
- [ ] 미래 예상도가 명확히 그려져 있는가?
- [ ] 듣는 사람의 관점에서 메인 포인트를 골랐는가?
- [ ] 듣는 사람의 관점에서 다음의 메인 포인트로 연결되도록 설계돼 있는가?
- [ ] 원 빅 메시지와 각각의 메인 포인트가 'So what?(그래서 하고 싶은 말이 뭔가?)', 'Why so?(왜 그렇게 말할 수 있는가?)'에 맞게 성립돼 있는가?
- [ ] 각 메인 포인트별로 구체적 예가 이야기에 담겨 있는가?
- [ ] 쇼핑몰 에스컬레이터 방식으로 대비 효과가 형성돼 있는가?
- [ ] 성공담에만 초점이 맞춰져 있지 않은가?
- [ ] 주목을 끄는 도입인가?
- [ ] 인상에 남는 마무리인가?
- [ ] 애매한 표현을 배제했는가?
- [ ] 원고가 문어체로 돼 있지 않은가?

리허설 단계

- ☐ 개방적인 자세를 유지하고 있는가?
- ☐ 시선을 골고루 배분하고, '스캔&스톱'을 하고 있는가?
- ☐ 대화체의 말투를 사용하고 있는지 복도 테스트로 점검했는가?
- ☐ 목소리가 단조롭지 않고 억양이 있는가?
- ☐ 말과 비언어적 표현(목소리 상태, 얼굴 표정 등)이 일치하는가?
- ☐ 충분한 쉼표를 넣었는가?
- ☐ 중요한 단어를 효과적으로 강조하고 있는가?
- ☐ 무의미한 동작을 제거하고 의미 있는 움직임만 하고 있는가?
- ☐ 간투사를 내뱉지 않는가?
- ☐ 듣는 사람의 반응을 상정하고(웃음이 터진다 등) 반응을 되돌려 주는 연습을 했는가?
- ☐ 녹화를 세 가지 방법(그대로 보기, 음소거 하고 보기, 음성만 듣기)으로 리뷰했는가?
- ☐ 눈에 거슬리는 버릇은 없는가?
- ☐ 알아듣기 힘든 단어, 에두른 표현 등은 없는가?
- ☐ 실전에서 착용할 옷이나 구두는 편하고, 마이크를 장착하기 쉬운가?
- ☐ 주어진 시간 내에 마무리되는가?
- ☐ 갑작스런 시간 연장이나 단축에 대비해 내용을 늘리거나 줄이는 연습을 했는가?
- ☐ 슬라이드가 주인공이 되지는 않았는가?

- [ ] 듣는 사람이 슬라이드나 배포물이 아닌 발표자에게 주목하도록 방법을 강구했는가?
- [ ] 리모컨의 조작은 원활한가?
- [ ] 슬라이드를 그대로 읽지 않고 사람들과 대화하고 있는가?
- [ ] 빔프로젝터의 스크린을 가로막지는 않았는가?
- [ ] 사람들에게 등을 보이는 장면은 없는가?
- [ ] 슬라이드의 내용과 이야기하는 내용이 연동돼 있는가?
- [ ] 스토리에 주목해야 할 때 슬라이드를 효과적으로 암전하고 있는가?

실전 당일

- [ ] 잘 보이는가? 잘 들리는가? 말하는 장소의 구석 네 곳 모두에 앉아서 확인하라.
- [ ] 슬라이드는 모두 문제없이 투사되는가?
- [ ] 마이크의 음량은 적절한가?
- [ ] 서는 위치나 동작을 다시 확인하라.
- [ ] 너무 배부른 상태로 등장하지 말 것!
- [ ] 사람들과 교류했는가?
- [ ] 이야기를 하는 목적을 재확인하라. 사람들이 어떻게 하길 바라는가?
- [ ] 가벼운 준비운동 등을 통해 에너지를 끌어올렸는가?
- [ ] 사람들과 연결되는 것을 즐기자.

덜어 낼 용기는
강력한 비즈니스 무기가 된다

이 책의 출판이 실현된 데는 한 분이 무심코 내뱉은 말 한마디가 크게 작용했다. 이 후기를 쓰는 지금 나는 토스트마스터즈 스피치 대회의 뉴욕 주 결승에 진출해 준우승을 했다. 뉴욕 지구 우승은 5연패를 했지만 주 전체에서 준우승을 한 것은 나로서도 최고기록이다. 이로써 7,000명의 회원 중에서 2위, 세계 톱 100에 들었으니 커다란 영예다.

여기까지 오는 동안 많은 시간과 노력을 투자했다. 비원어민인 나는 미국에서 프로페셔널 스피커로서 충분히 활약할 수 있는 스피치 기술을 익히기 위해 오랜 세월 다양한 훈련을 받았다.

프레젠테이션과 스피치에 관한 수많은 서적, DVD, 스피치 코치 인증 프로그램과 스피치 학원, 각종 세미나, 프로페셔널 스피커 양성 마스터 코스, 개인 코칭 그리고 액팅 스쿨과 보이스 트레이닝에 이르기까지 금액으로 따지면 500만 엔은 족히 쓴 듯하다. 이렇게 돈과 시간을 투자해 온 스피치는 기술을 연마하는 데서 끝나지 않고 내게 커다란 가르침을 줬다.

스피치를 만들어 가는 과정은 나만이 전달할 수 있는 스토리를 찾기 위해 내 안을 깊이 들여다보는 과정 그 자체였다. 스피치를 만들어 내는 것은 표면상의 일이고, 실제로는 자기 자신을 풍요롭게 만들고 그로써 듣는 이들도 풍요롭게 만드는 일이라는 중요한 교훈을 얻은 것이다.

그 과정에서 실로 많은 분들의 도움을 받았다. 내게 지식을 전수해 주신 코치들, 경험을 시켜 주신 고객들, 콘테스트에 출전할 때마다 아낌없이 응원해 준 가족과 친구들…. 내가 스피치를 배울수록 사람들과 연결되고 서로 마음이 연결되면서 내 자신의 세계가 넓어졌다. 마치 커다란 원처럼 말이다.

이렇게 귀한 교훈을 내가 아는 사람들뿐만 아니라 아직 만나본 적 없는 분들과 공유하고 사회에 환원하고 싶다. 내가 몇 년의 시간과 돈을 들여 배운 지식을 더 많은 사람들과 나누고 싶다.

언젠가 내가 얻은 깨달음을 책이라는 형태로 정리하게 되리라고 막연히 생각하던 중에 SNS에 친구가 남긴 글에 눈이 갔다. '제가 북 라이터로 집필 편집을 도운 책이 출판됩니다!' 이 글을 읽었을 때 딱히 아무런 생각을 하지 않고도 나는 이렇게 댓글을 달았다. '축하해! 나도 언젠가는 책을 써야지!' 그러자 1분도 되지 않아서 한 분이 이런 댓글을 달았다. '나쓰요 씨는 꼭 써야 해요! 언젠가가 아니라 지금 당장!'

그분은 구로베 에리 씨였다. 나와 마찬가지로 뉴욕에 살며 굉장한 실력을 가진 작가로 전부터 알고 지낸 사이였다. 그는 비즈니스부터 패션, 라이프스타일에 이르기까지 다양한 분야에서 마치 말의 옷을 갈아입히는 것처럼 자유자재로 스타일을 구사하며 알기 쉽게, 또 단번에 사람을 매료시키는 글을 써 낸다.

그 기술에는 스피치와 일맥상통하는 부분이 많았다. 나와 비슷한 연령대의 분들은 한때 '앗시군'(아시는 일본어로 '다리'라는 뜻이다. 여자친구가 부르면 바로 차로 데리러 가는 남자들을 칭하는 유행어였다—옮긴이)이라는 말이 크게 유행했던 것을 기억할 것이다. 그 말을 만들어 낸 장본인이 바로 구로베 에리 씨다.

그런 대단한 작가의 댓글을 받고도 진지하게 받아들이지 않았던 나는 '에리 씨가 북 라이터를 해 준다면요!' 하고 농담처럼 다시 댓글을 달았다. 그러자 또 1분도 되지 않아 에리 씨가 답을 했다. '좋아요. 해 봅시다!' 에리 씨의 가벼운 한마디가 계기가 돼《한 문장으로 말하라》가 탄생했다.

내가 오랜 세월에 걸쳐 다양한 프로그램과 실전에서 흡수하고 개발해 온 브레이크스루 메소드의 방대한 콘텐츠를 정리해 준 구로베 에리 씨가 없었다면 이 책은 세상에 나올 수 없었을 것이다. 진심으로 감사드린다.

그리고 이 책을 멋지게 편집해 준 아사히신문 출판서적 편집부 관계자와 내 세미나에 직접 참여하면서까지 책을 만드는 데 도움을 주신 분들께도 이 자리를 빌려 깊은 감사를 드린다. 또한 가족으로서 늘 나를 지지해 주는 남편 로브와 딸 리나, 두 사람에게는 감사의 포옹과 사랑을 바친다. 이 책에 등장하는 사례 속 모든 명칭은 가명이며 내용 역시 특정 인물이나 기업을 드러내지 않도록 배려했음을 알려 둔다.

마지막으로 한 가지. 내가 진지하게 책을 내야겠다고 생각하게 만든 말은 바로 '언젠가가 아니라 지금'이다. 이 책을 손에 든 당신도 '언젠가가 아니라 지금' 실행에 옮겨야겠다고 생각했을 것이다. 말에는 누군가의 인생을 바꾸는 힘이 있다. 당신의 말을 통해 마음이, 사람이, 세계가 연결된다. 그리고 그 힘은 꾸밈없이 핵심에 도달할 수 있도록 메시지를 덜어 낼 때 비로소 얻을 수 있다.

내가 이 책을 통해 여러분에게 전하고 싶은 원 빅 메시지는 이것이다.

Changing the world, one speech at a time.
스피치 하나하나가 세계를 바꾼다.

덜어 낼 용기를 갖고 당신도 당신의 스피치로 세계를 바꾸어 보지 않겠는가?

언젠가가 아니라 바로 지금 말이다.

나쓰요 립슈츠